橋本秀美
Hidemi Hashimoto

孝経

儒教の歴史二千年の旅

岩波新書
2050

目　次

序章

『孝経』が映しだす儒教の歴史

胆沢城跡出土の漆紙文書に記された『孝経』

前近代東アジア共通の「教科書」

現在の世界で、『孝経』を読んだことがある人はどのくらいいるだろうか？　日本では、私の父母の世代でも読んだことのある人は極めて限られるだろうし、専門の中国研究者でも読んだことの無い人の方が多いだろう。中国でも、この状況は変わらない。中国も日本も、近代化の過程で儒教は克服の対象とされてきた。とりわけ中国では、共産党政権が儒教を「封建思想」として徹底的に否定した過去がある。現在でこそ、世界各国に設立した「孔子学院」が問題にされているように、共産党政権も孔子や儒教を一概には否定せず、「中華民族」の「伝統文化」として称揚することも多いが、共産党を超える権威の存在は容認しないから、儒教経典の大々的宣伝には慎重だ。同じ共産党政権でも、ベトナムでは儒教が完全否定されることはなかったし、韓国は一貫して儒教を重視しているから、「孝」の思想は深く浸透していると言われるが、『孝経』がよく読まれているということはなさそうだ。

しかし、前近代の状況は、全く異なる。もちろん、時代・地域によって大きな違いがあるものの、漢字文化が浸透した東アジアにおいて、『孝経』は最も多くの人々に学習された儒教経典だったと言ってよいだろう。全体で千八百字程度、原稿用紙で五枚に満たない極めて短い経典である『孝経』は、子供の父母に対する態度に関わる内容であることもあって、識字教育に続いて幼少期に学ぶ必修のテキストとされることが多かった。大まかに見て、『孝経』の普及・浸透度は、『論語』に優るとも劣らないものであり、日本・中国を含む東アジア諸文化の基底に、『孝経』が大きな要素として深い影響を与え続けてきたことも、おそらく否定できない。

孔子とその弟子たちとの言行録である『論語』は断章的な内容だから、朱子《しゅし》など後世の学者が付加した解釈がなければ、そこに一貫した明確な主張を読み取ることはできない。逆に言えば『論語』は、それを題材にして様々な道徳・精神論を語ることが可能なので、現在でも広く活用されている。中国でも、二〇〇六年に『論語心得』という通俗道徳論がベストセラーになったことがある。一方の『孝経』は、内容がかなり明確な倫理道徳なので、いわゆる「封建道徳」が否定された現代において、その活用の余地は限られてしまう。だから、現在『孝経』を読んだことのある人が『論語』に較べて圧倒的に少ないのは、当然のことと言わねばならない。

しかし、現在の東アジアは、西洋の文化を深く受け容れながらも、西洋とは明らかに異なる価値観や社会の在り方を維持してもいる。そこに、前近代から継続している部分が大きいことは確実であり、その中で『孝経』も一つの重要な要素であったのならば、やはり『孝経』には一読の価値がある。かつては誰もが読んだ本でありながら、現在ではほとんど誰にも読まれなくなった。この落差は、実に興味深いではないか。

日本における受容は奈良時代にさかのぼる

『孝経』の日本への伝来については、百済の王仁《わに》が『論語』を伝えたと言われるような伝説(『古事記』)は無いが、奈良時代以前から流入していたに違いない。唐の法律制度に倣って制定された『大宝令』(大宝元年〈七〇一〉施行)と、その修訂版である『養老令』(養老二年〈七一八〉成立、天平宝字元年〈七五七〉施行)には「学令」が含まれていて、儒教経典に関する規定もある。『養老令』には、国の教育機関(大学・国学)において学ぶべき経典として、『易《えき》』(周易《しゅうえき》、易経《えききょう》)、『尚書《しょうしょ》』(書経《しょきょう》)、『周礼《しゅらい》』『儀礼《ぎらい》』『礼記《らいき》』の「三礼《さんらい》」、『詩経《しきょう》』(毛詩《もうし》)、『春秋左氏伝《しゅんじゅうさしでん》』とそれらの標準注釈が列挙され、最後に「『孝経』孔安国・鄭玄注、『論語』鄭玄・何晏注」が置かれている。鄭《じょう》玄《げん》、孔安国《こうあんこく》、何晏《かあん》、いずれもそれぞれの注釈を書いた(とされる)著名な学者である。『易』『尚書』などの正規経典は、学生はそれぞれ自分の専攻を一つ選んで学習することができるが、『孝経』『論語』は必修とされていた。

　この規定は基本的に全て唐の令を踏襲しているので、令に定められているからといって実際に読まれていたとは限らない。実際に『孝経』と『論語』の鄭玄注は、日本において読まれていた形跡がほとんど見られない。しかし、例えば『続日本紀《しょくにほんぎ》』巻二十には、天平宝字元年(七五七)孝謙天皇の勅として、大炊《おおい》王《おう》を太子にし、大赦を行うと同時に、「天下の家いえに『孝経』一本を蔵せしめ、精勤に誦習《しょうしゅう》せしめよ」との記載がある。『孝経』を全国に普及させようとするこの命も実は唐の玄宗の天宝三載(七四四)の勅に見える文言そのままだが、続いて「不孝不恭不友不順の者は陸奥国桃生《ものう》・出羽国小勝《おがち》に配流せよ」という部分は、玄宗の勅では「不友不恭傷財破産の者は磧西《せきせい》(西域の不毛世界)に配流せよ」であり、日本の実情に合わせて内容が調整されているから、単に唐の文書を引き写しただけではない現実味がある。少なくとも朝廷内外の人々にとって、『孝経』は馴染み深いものであったに違いない。

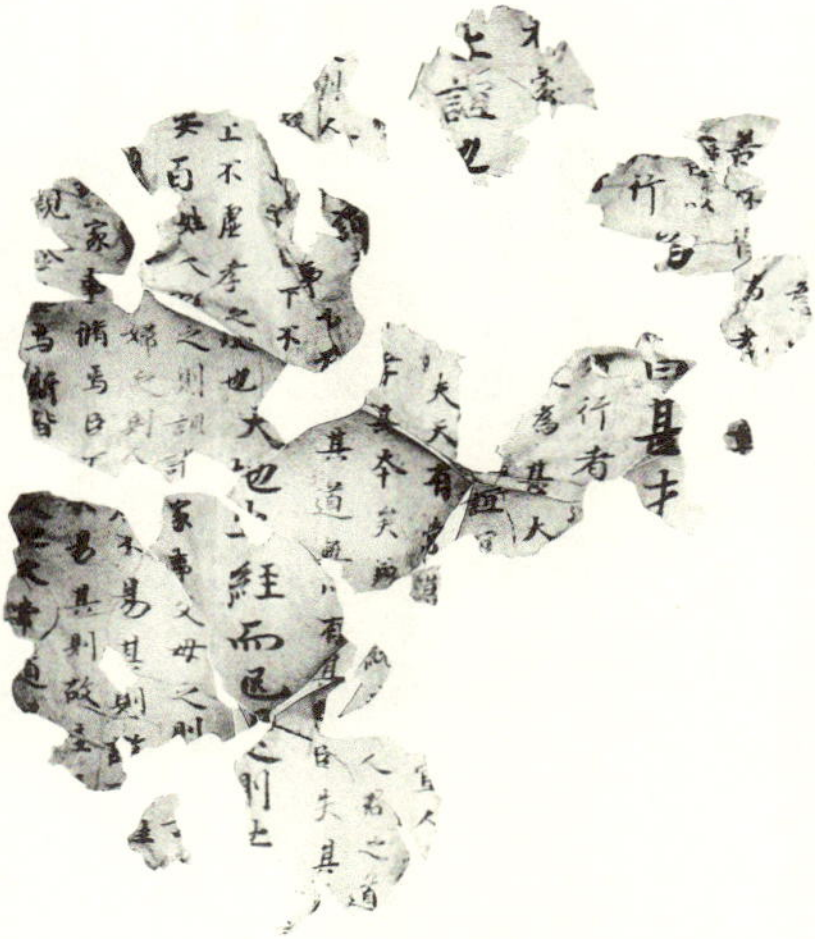

図1　山王遺跡出土の漆紙文書に記された『孝経』

　幸いにも、現在は考古学的出土物もある。岩手県水沢(現奥州市)の胆沢《いさわ》城跡と宮城県多賀城市の山王《さんのう》遺跡から出土した漆紙文書《うるしがみもんじょ》に『孝経』の孔安国の注が書かれていることが、それぞれ一九八四年と一九九六年に発行された報告書に紹介された(本章扉)。山王遺跡の『孝経』は陸奥国の行政文書の裏に書かれており(図1)、胆沢城跡の出土文書も陸奥国府のあった多賀城から運ばれたものではないかとする説がある。いずれにしても、奈良あるいは平安前期に罪人配流の辺境地であった陸奥国にまで、『孝経』は確かに伝えられていた。

その後、中世・近世を通して『孝経』は非常に広く普及し、とりわけ江戸中期から第二次大戦敗戦まで、『孝経』に関して著述された書物は数知れず、現存する出版物が膨大である他に、稿本として遺されているものも相当に多い。阿部隆一・大沼晴暉『江戸時代刊行成立孝経類簡明目録』には、刊本・写本合わせて五百種近くが著録されているが、その巻頭「緒言」は、「江戸時代同一書でその版種の甚だ多く、またその注釈書が夥しく刊行された点で、和漢書中孝経の右に出る書はないであろう」と言っている。つまり、江戸時代において、あらゆる書籍の中で最も人気が高く普及度が高かったのが『孝経』だった、と言えそうである。

儒教の歴史を映しだす「鏡」

「儒教」という言葉は広く使われていて、通りがよいので本書でも使っているが、いったい何を指しているのかとなると、随分と幅がある。三十数年前、私の恩師溝口雄三(本書では人物の敬称を一律省略する)は儒教には六つの「アスペクト」がある、という説を唱えたが、その後間もなく「アスペクト」は十まで増殖した。「アスペクト」は、「側面」と言えば分かり易い。読者・聴者に深い印象を与えることを狙って、故意に不自然な言葉を使ったに過ぎないと思う。一口に儒教と言っても、儀礼制度だったり、政治思想だったり、宗教だったり、生活倫理だったり、そこには色々な要素が含まれ、場合によって人によって、力点が異なるということだ。しかし、どのような側面に重点を置くにせよ、それが孔子を始祖とするもので、いくつかの文献が根本経典とされている、というのは共通理解であろう。そして、孔子の説が記され、漢代以降経典として広く普及した『孝経』は、儒教経典の代表例とするのに極めてふさわしい。よく『般若心経』が仏教思想の精髄で、仏教経典の象徴的代表例であるかのように言われることがあるが、そんな言い方が認められるのであれば、『孝経』が儒教経典の象徴的代表例だと言うことには、それを遥かに上回る妥当性がある。

まず内容的に、『般若心経』に書かれているのは「空」の思想だけで、それは仏教思想の中の大事な要素には違いないが、あくまでも一要素に過ぎない。そもそも仏教経典は膨大で多様な内容を含むのに対し、二百数十字で表すことのできる内容には限りがある。それに対して『孝経』の約千八百字は、十八章あるいは二十二章に分かれ、儀礼制度・政治思想・宗教・生活倫理など儒教の様々な側面に関わる内容が盛り込まれており、かなり全面的だと言える。『論語』が儒教経典を代表するというのは無理があるが、『孝経』なら何とか認められそうだ。

そればかりではない。二千年以上にわたって『孝経』がどのように扱われてきたかを見ていくと、そこにはさらに多様な儒教の側面が浮かび上がる。儒教経典については、どのように成立してきたのか？　漢代にいかにして朝廷公認の地位を得たのか？　さらには、儒学史上最も有名な「今文《きんぶん》」と「古文《こぶん》」の対立、鄭玄と王粛《おうしゅく》の対立、隋唐の学術変革、宋代の新学術(宋学)と元明の継承発展、清代における宋学と漢学との対抗など、必須の話題があるが、いずれの場面においても『孝経』は興味深い事例となっている。さらに、民間への普及、宗教的な利用といった点でも、『尚書』『詩経』のような重厚な経典にも増して、『孝経』は突出した存在感を放っている。

実は、私自身も過去においては『孝経』を軽視してきた。漢学の勉強を始めて、はじめて通読した文献は『孝経注疏《こうきょうちゅうそ》』(第三章参照)だったが、それは何よりも短くて取っ付きやすかったからに過ぎず、『尚書』や『詩経』や「三礼」といった本格的な経典こそが研究に値するもの、という意識を持っていた。それは、私だけの偏見ではなく、中国の伝統学術の一般的認識だったと言えよう。例えば、日本では林秀一《はやしひでいち》が『孝経』だけを専門に何十年も研究して学者として高く評価されているが、中国では古代から現在まで、『孝経』専門の学者というのは考えられない。『孝経』はどうしても、子供の頃に学ぶ簡単な内容の書物という印象が強いからだ。しかし、最近『孝経』について少し勉強してみて、万華鏡を見るような楽しさを感じている。あたかも蓮の葉の上の水珠があらゆる角度で世界を映しだすように、この短くて簡単な『孝経』には、儒教世界の様々な要素が凝集されているように思う。本書では、その面白さを読者の皆様にお伝えしていきたい。

『孝経』は親孝行を説く経典?――なぜ読まれつづけたのか

そもそも『孝経』の内容は?と聞けば、それは親孝行のことが書いてある、と答えるのが普通だろう。しかし、単に親孝行を勧めるだけの内容であれば、一言二言で済んでしまう話だし、特別に経典として尊重される理由も無いはずだ。実際に内容を見てみると、普通に我々がイメージする親孝行の話はごく一部で、それ以外はどうもそうではない。『孝経』はいったい、何を論じているのか?『広辞苑』などの辞典では、「孝道を述べた」ものだ、と説明される場合がある。『史記』「仲尼弟子列伝《ちゅうじていしでん》」に「孝道」という言葉が見られる(第一章参照)が、その場合、「孝道」は「孝」を抽象名詞化した言い方に過ぎない。漢字は品詞が特定できず、「孝」は形容詞として使われることが多いので、抽象名詞だということをはっきりさせるために「道」という漢字が加えられている。日本語では「孝(コウ)」が既に抽象名詞だから、「孝道」と言えば、それが具体的にどのようなものを指すかは別として、単なる「孝」以上のものが想像されているのだろう。例えば、お茶を飲むことに、様々な作法・道具などを含む一種の文化が加わってはじめて「茶道」となるように。

それでは『孝経』はいったい何を述べているのか？　昔から、様々な説がある。そもそも『孝経』には様々な解釈があり、同じ言葉を正反対の意味で理解する説も存在している。そして、ここに儒教経典の面白さがある。儒教経典は、作者や著作年代が特定できないものばかりだ。孔子が整理した古典文献であるとか、孔子の言行を伝えるものであるとか、あるいは孔子の弟子の書いたものであるとか、様々な説明がされるが、それらは単なる伝説に過ぎず、事実とは言えない。儒教経典の中で最も歴史が古く権威あるものは『尚書』や『詩経』だが、それらは数百年の長い時間をかけて徐々に形成された記録であり、特定の個人が書いたものではない。比較的新しい成立の『論語』『孝経』『礼記』などにしても、ある時期に弟子なり誰なりの撰述者が居たには違いないが、その一人が書いた原稿が、現在見られるようなテキストとして伝えられるようになるまでには、何度も、多くの人の編集加工を経ていると考えざるを得ない。

つまり、今日我々が目にする儒教経典は、不特定多数の人々による長時間の伝承過程を経て形成されたものであり、そこに一貫した一個人の意図を読み取ることはできない。あえて一貫した意図と言うならば、歴史的に堆積した多くの人々の漠然とした意図としか言えない。それでも、そのような文献が経典として重視され、伝承されてきて、後世の人々はそれを学び、様々な意味を読み取ってきた。

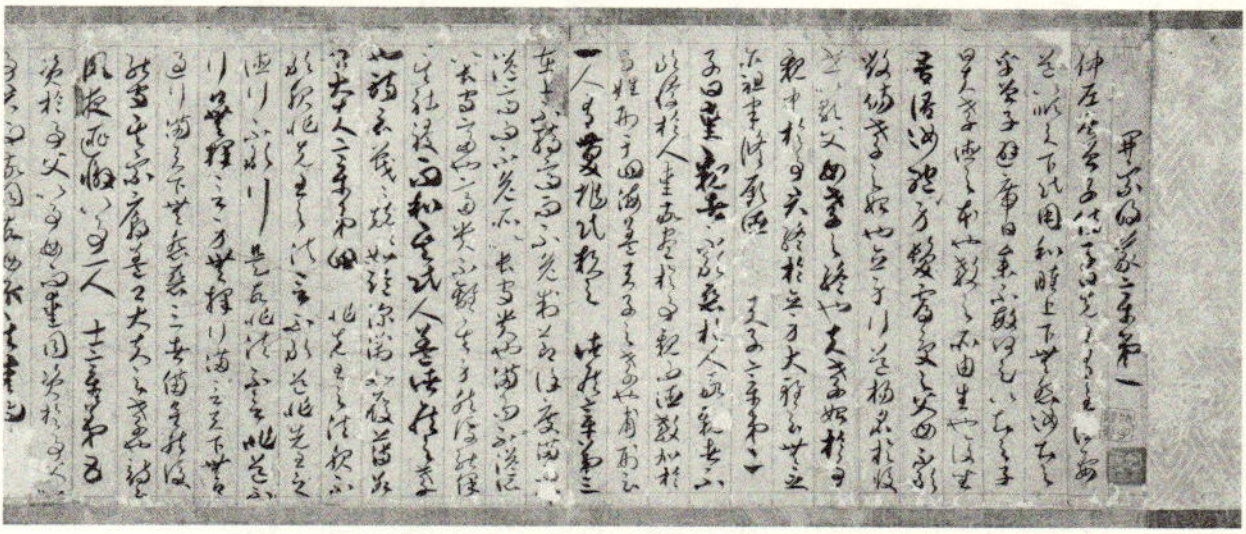

図2 伝賀知章『草書孝経』

色々な意味があるからこそ、『孝経』は単なる「封建道徳」のお説教では考えられない根強い人気を得たのである。例えば、書道作品。儒教経典を筆で書いたものが、歴史的に有名な書道作品として鑑賞されている例はと言えば、まず『孝経』が思い浮かぶ。一例を挙げれば、唐の文人賀知章《がちしょう》が書いたとされる『孝経』は、草書のお手本としても有名なものだ(図2)。明治期に黒地白抜きで木版印刷されたものが普及しているし、現在収蔵している三の丸尚蔵館のウェブサイトには、カラー画像も公開されている。およそ千八百という手頃な字数だからこそ、書道作品として成り立ちやすいという面もあっただろう。他にも『孝経』は、呪文のように唱えられたり、副葬品とされたり、儀式の道具として使われたり、絵本にされたり、と、様々な形で人々の身の回りに存在し続けた。やはり、その独特の内容と、短くまとまった形式が、『孝経』を興味深いものにしている。

書物の交流史として

『孝経』の面白さは読みの多様性のみにとどまらない。なかでも文献学的な面白さは突出していて、他の経典は比べものにならない。『孝経』だけを題材にして、中国古典文献学の教科書を作ることすら可能ではないかと思われるほどだ。しかも、その文献学的話題においては、日本が圧倒的に重要な役割を果たしている。『孝経』の文献学は、日本の資料が核心部分を支えている、と言っても過言ではない。

儒教経典は、その注釈とセットにして学ぶのが必須であった。魏晋南北朝から隋・唐初、西暦で言うと三世紀前半から八世紀前半にかけて、『孝経』は「今文《きんぶん》」の「鄭玄注《じょうげんちゅう》」が広く流通していた。既に触れた後漢末の学者、鄭玄(一二七〜二〇〇)が書いたとされる注釈だ。以下では簡明に「鄭注《ていちゅう》」とも呼んでいく。これに対して隋代には、「古文《こぶん》」の「孔安国伝《こうあんこくでん》」という新しい形の注釈が出現し、一定の影響力を持った。「孔伝《こうでん》」とも呼び、前漢の孔安国(前二〜前一世紀)という学者が書いたとされるが、はっきりしたことは今も謎である。「今文」「古文」については本書で繰り返し出てくることになるが、まずは、『孝経』には二つの異なるテキスト系統があり、それぞれに別の注釈が付けられていたということを憶えておいていただきたい。

しかし、八世紀になると、唐の玄宗皇帝が作った注――御注《ぎょちゅう》ともいう――の出現によって、今文の鄭玄注、古文の孔安国伝は中国では姿を消してしまう。清代中期になって、それらが再び姿を現すのは、日本から逆輸入されたことによる。

　奈良時代あるいはその前後の日本に中国の古典文献が伝えられたのは、遣隋使・遣唐使だけに限らない様々な経路があったと思われるが、日本に後世まで伝承された文献を見ると、隋から唐前期に流通していたと思われるものが異彩を放っている。『論語義疏《ろんごぎそ》』『古文孝経（孔安国伝）』『孝経述議《こうきょうじゅつぎ》』『五行大義《ごぎょうたいぎ》』『玉燭宝典《ぎょくしょくほうてん》』『群書治要《ぐんしょちよう》』『文館詞林《ぶんかんしりん》』『楽書要録《がくしょようろく》』『臣軌《しんき》』など、いずれも中国では消滅してしまった文献が、日本では現在まで伝承されている。これらのうち『群書治要』とは、唐代に作られた古典抜粋集である（第一章でも詳しく取り上げる）。『孝経』の鄭注は日本にも伝本が見られず、ほとんど読まれることが無かったようだが、この『群書治要』の中の『孝経』部分に鄭注が併録されていることに江戸時代の学者たちが気づき、これを抜き出して整理したものが、清に伝えられた。孔安国伝のほうも、同じく江戸時代の学者が整理したものが清に伝えられた。これらはいずれも清の学者たちの強い興味を引き、様々な議論を惹起した。

　近代になって、敦煌《とんこう》から『孝経』鄭注の写本が出土した（第一章扉）。一九〇〇年、シルクロードの中心都市であった敦煌にある莫高窟《ばっこうくつ》で数万点に上る資料が発見された。唐代以前の貴重な写本も多く含まれていて新たな知見をもたらし、敦煌出土資料を研究する学問は「敦煌学」と呼ばれるほど活況を呈した。敦煌出土の『孝経』鄭注については、その存在に気づいて転写したのは石濱純太郎であり、さらに詳細な校定を加えて発表したのは林秀一であった。隋代のものとしては唯一現存する儒教経典解釈書である『孝経述議』も、林秀一が日本の文献資料を駆使して復原させたものだ。

玄宗注が、その後中国に伝存した最古の『孝経』注だが、実は玄宗注にも二種類ある。開元年間(七一三〜七四一年)にはじめて編纂されたものと、天宝年間(七四二〜七五六年)に改訂されたものである。中国には、後者しか遺っていないが、日本には前者の写本が遺されており、それを参照してはじめて天宝年間の修訂作業がどのようなものであったのかを理解できる。さらに、中国で現在まで広く伝えられている天宝年間修訂後の注も、現存する最古の版本(北宋版)は日本の宮内庁に所蔵されている。

日本だけに焦点を合わせると、奈良・平安期において孔安国伝と玄宗注それぞれに訓読の伝承があり、鎌倉・室町期には世襲の博士家であった清原《きよはら》氏が訓釈する孔安国伝が広く流行した。江戸前期は朱子学が主流となり、元の董鼎《とうてい》が朱子の説を発展させた『孝経大義』が広く読まれると共に、明の『孝経大全』なども流通するようになった。その後、太宰春台《だざいしゅんだい》が整理した孔安国伝が大流行し、鄭注のほうも出版されるようになると、『孝経』の研究は非常に盛んとなり、明治期に至るまで、日本の学者は古代から明清までの中国の様々な学説を十分に吸収した上で新たな見識を示し、『孝経』の研究は極めて高い水準を維持した。江戸後期には、日本に伝わる孔安国伝や開元年間の玄宗注の古写本や、天宝年間修訂後の玄宗注の北宋刊本の精巧な模刻本も作られた。これらはいずれも、木版印刷技術の極めて高い水準を示すもので、現在見てもその美しさに驚かされる。

「忠孝」の理想とそのジレンマ

日本で『孝経』が明らかに人気を失ったのは戦後のことで、明治・大正期には『孝経』はまだ広く普及していた。近代化を目指す明治政府は、積極的に西洋の制度を取り入れたが、いわゆる「封建道徳」は否定しなかった。有名な明治二十三年(一八九〇)の『教育勅語』にも「我カ臣民、克《よ》ク忠ニ克《よ》ク孝ニ、億兆心ヲ一ニシテ、世世厥《そ》ノ美ヲ済《な》セルハ、此レ我カ国体ノ精華ニシテ、教育ノ淵源亦実ニ此ニ存ス」とあり、「忠」と「孝」は日本文化において最も重要な美徳とされた。

仁と義、忠と孝、いずれも常に並称されるが、古代においてはどちらも衝突する可能性の高い組み合わせと見なされていた。例えば、父親が主君に対して謀反を起こしたとして、孝であり仁であろうとすれば父親を擁護しなければならないが、忠であり義であろうとすれば父親を討伐しなければならない。先秦時代の文献を見ると、この種の道義の矛盾に直面して、あちらを立てればこちらが立たずという場合に、自死を選んだという物語が非常に多い。それらの人物が実際にみな自殺してしまったのか、それとも、矛盾を象徴的に表現するために自殺という物語が作られたのか、本当のところはよく分からない。しかし、人間社会において、そのような矛盾が常に存在することは、疑いようが無い。漢代から南北朝期にかけて、孝と忠とが両立しない場合にどちらが優先されるべきかについて、様々な議論が遺されており、その状況が唐《とう》長孺《ちょうじゅ》「魏晋南朝的君父先後論」という有名な論文に紹介されている。

孝とか忠とかいう観念は非常に漠然としていて、簡単に片付く議論にはなりにくい。そもそも孝一つを取っても、何が孝で何が不孝かと問われれば、様々な考えがあり得る。例えば、『史記』の「伯夷叔斉列伝《はくいしゅくせいれつでん》」では、周の文王が亡くなって葬式も終わっていないのに息子の武王が商王朝の討伐を始めたのは「孝」ではない、と批判されているが、『礼記』の『中庸《ちゅうよう》』では、父文王が受けた天命を実現させて周王朝の統治を固めた武王は「達孝」(超絶的孝)だとされている。それでも、孝と忠の問題は、隋唐帝国によって天下統一が実現するまで議論され続け、その際に、孝と忠の両者を論じる『孝経』は、重要な論拠の一つであった。ただし、前述のように、『孝経』は不特定多数の人の手を経て形成されたものであるだけに、どのような立場を主張しているのかは、論者によって様々な理解があり得て、簡単ではない。面倒なようだが、簡単に単一の理解が確定できてしまうなら、それは単なるお説教に過ぎない。様々な理解が可能だからこそ、『孝経』には魅力がある、と私は思う。

第一章 書物の誕生と鄭玄による体系化

——漢代まで

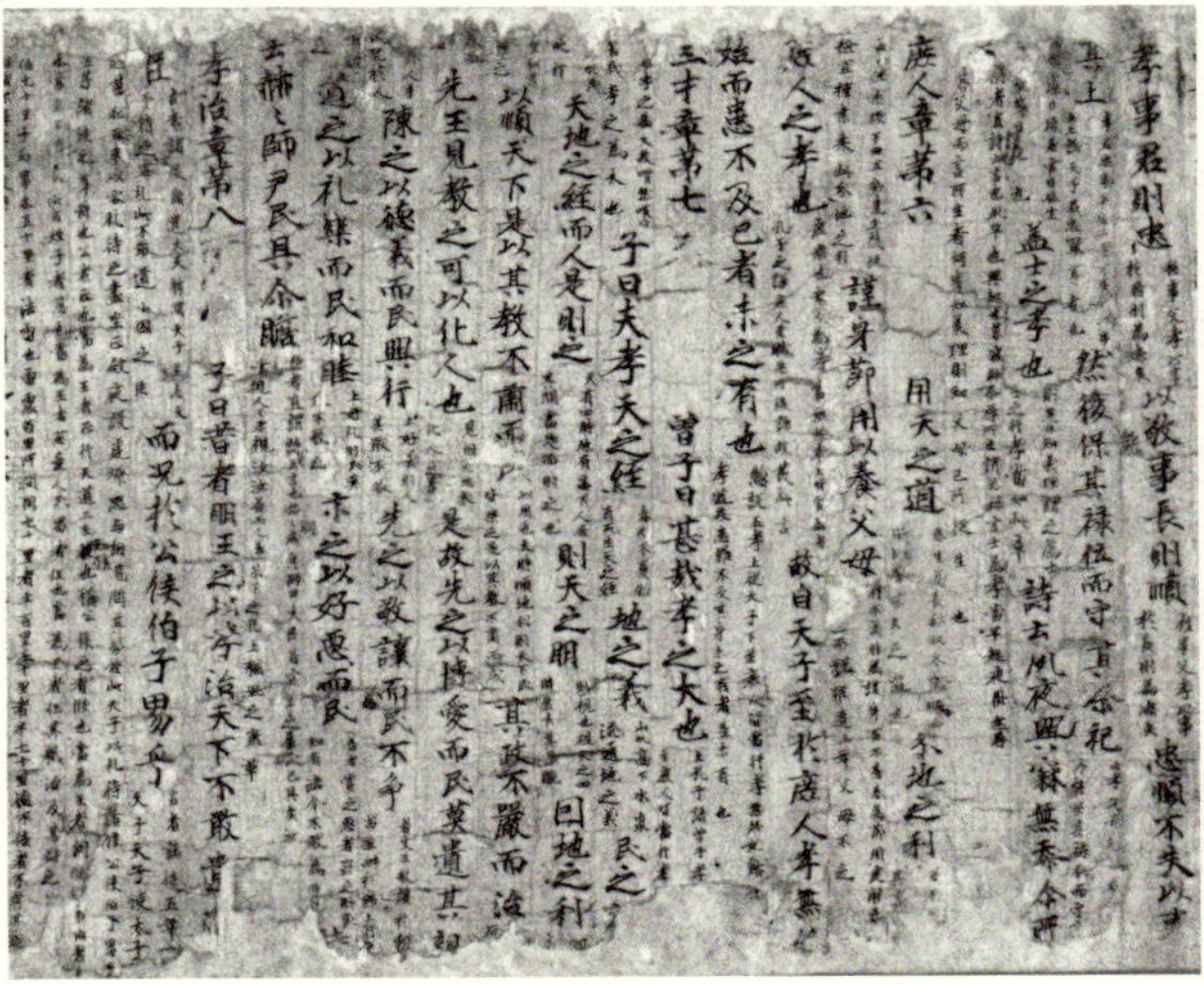

敦煌出土の鄭玄注『孝経』

儒教経典はどうかたちづくられたか――孔子とその弟子、曾子との問答

「身体髪膚《しんたいはっぷ》これを父母に受く」という有名な文句を聞いたことのある読者もおられるだろう。実質的内容としては、これが『孝経』の一番はじめの部分だと言うこともできるが、『孝経』本文はその前に、状況説明の前置きがある。孔子が、その弟子の曾子(曾参《そうしん》)に、「「先王」が太平の世を実現させることができた根本要因は何であるか、分かるかな?」という主旨の問いかけをし、曾子が「分かりません」と答えると、孔子は「孝というものが徳の根本でね、まあお座り、ちょっと教えてあげよう」と言って、そこから「身体髪膚」云々という話が始まっている。『孝経』全体が、弟子の曾子に対して孔子が教えを説いたもの、という形を採っている。

孔子とその弟子との対話を記録したものだとすれば、それは『論語』と同様、孔子の弟子あるいはそのまた弟子がまとめた書物だと考えるのが自然だろう。あるいは、孔子門下とは限らず、孔子の弟子より後の世代の人が、孔子とその弟子の対話という体裁を借りて書いた、という可能性も考えられる。しかし、実際に誰が書いたのかを示す証拠のようなものは、どこにも遺っていない。

文献資料に『孝経』が現れる最も早い例は、『呂氏春秋《りょししゅんじゅう》』だとされる。『呂氏春秋』は、中国

古典文献の中では例外的に編著者と成立時期が明らかで、秦の呂不韋《りょふい》が部下に命じて編纂させたもので、始皇帝の天下統一も間近な前二三九年ごろの成立とされる。その中の「察微」という篇に「『孝経』曰く、高くして危うからざるは、長く貴きを守る所以」云々という表現が見える。孔子の母国である魯《ろ》の年代記で、儒教経典の一つである『春秋』の記述が途切れて間も無く孔子は亡くなったとされていて（前四七九年ごろ）、この『春秋』にちなんで名づけられた春秋時代（前七七〇～前四〇三年）の後、始皇帝の天下統一（前二二一年）までが戦国時代だから、『孝経』は戦国時代に成立した、とするのが現在では通説と言えよう。

ただし、『呂氏春秋』も紀元前の写本が遺っているわけではなく、現在我々が見ることのできる最古の版本は十四世紀のものだから、紀元前の『呂氏春秋』に「『孝経』曰く」云々の内容が存在したと証明することはできない。身分が高くとも驕らず謙虚に、という考え方は極く一般的で、『孝経』独自のものではない。本来は『孝経』とは別の文献からの引用だったものが、後世、幼少期から『孝経』を学んだ人たちが見れば『孝経』の引用としか見えず、写本の文字がいつの間にか変更されてしまった、というような可能性も否定できない。その一方で、呂不韋の時代に『孝経』がまだ成立していなかった、と言えるような証拠も見当たらない。だから、『孝経』の成立年代は戦国時代から漢代（前漢、前二〇二～後八年）初期までの間、としておくのが無難かもしれない。

前漢前半期の『孝経』言及例としては、『史記』「仲尼弟子《ちゅうじていし》列伝」がある。孔子の弟子たちの伝記である。その曾子の部分は、「孔子は彼が「孝道」をよく理解できると見て、「孝道」を伝授した。『孝経』を作った」と言う。「『孝経』を作った」の主語は孔子だろうと思われるが、これを曾子と解釈する人もいる。ただ、前漢後期から後漢(後二五～二二〇年)の間は、『孝経』は孔子が書いたもの、という考え方が一般的だったと見てよいだろう。『漢書』「王莽《おうもう》伝」にも、王莽の言葉として「孔子が『孝経』を著して」云々と見えている。前漢末から後漢にかけて経典(経書《けいしょ》)と並んで重視された「緯書《いしょ》」と呼ばれる種類の文献の中には、孔子が『孝経』を書いたという内容が多数見えていて、その説が非常に広く受け容れられていたことが分かる。実際に『孝経』の主要な内容は、全て孔子の言葉として書かれているので、孔子が書いたもの、という言い方は分かり易い。

ただ、孔子の言葉を「子曰く」として記録して編集したのは孔子本人ではないはずだ、と踏み込んで考える所から、曾子が書いたとか、さらに孫弟子の世代の人が編集した、といった推測が出されているわけだ。内容は孔子の言葉であることを認めた上で、それを誰が編集したのか、という推測をするのであれば、孔子が自分で編纂した、という推測も逆に成り立つ。孔子が後世の人々のために、自分と弟子の対話の形で『孝経』という作品を書いた、というのが漢代の一般的な考えだったものと思う。後漢末に経典の学問(経学《けいがく》)をまとめ上げた何休《かきゅう》や鄭玄といった学者も、そのような捉え方をしていた。

「仁」と「順」と「孝」

孔子は「仁」を説いた。そして、「孝弟なる者は、それ仁たるの本《もと》か」という有名な言葉が、『論語』「学而篇《がくじへん》」に見えている。そうだとすると、孔子が書いたと漢代に言われていた『孝経』は、孝について説いたもので、それは仁を説いた孔子の思想の根幹という位置づけだったということになりそうだ。なお、ここで「孝」と並称されている「弟」は現在では「悌」と書かれるのが普通で、兄やそれに類する人々への恭順を意味する。

しかし、『孝経』約千八百字の中に「仁」という文字は全く出てこない。実際に『孝経』を眺めてみると、既に述べた通り内容全体が親孝行の奨励を目指しているようにも見えない。ただ、漢代以来、幼少期から誰もが学ぶ『孝経』は、何となくそんなものだとして受け容れられてきた。

時代は下って清代の中期、乾隆《けんりゅう》・嘉慶《かけい》年間（一七三六～一八二〇年）に古典の研究は空前の活況を呈した。多くの著名な学者の中で、社会的地位が最も高く、影響力も極めて強かったのが阮《げん》元《げん》（一七六四～一八四九）という人物。彼が主宰して編集・刊行させた『重栞宋本十三経注疏《じゅうかんそうほんじゅうさんぎょうちゅうそ》附校勘記《こうかんき》』すなわち『十三経注疏』は、現在でも『孝経』を含む儒教経典の標準版本とされている。十三経とは順に、『易』、『尚書』、『詩経』、『周礼』『儀礼』『礼記』(以上「三礼」)、『春秋左氏伝』『春秋公羊伝《くようでん》』『春秋穀梁伝《こくりょうでん》』(以上「春秋三伝」)、『論語』、『孝経』、『爾雅《じが》』、『孟子』である。また、その『校勘記』を含む清代前期・中期の経典研究を網羅的に集めて『皇清経解《こうせいけいかい》』という叢書を作ったのも彼の業績で、およそ漢学を学ぶもの、彼の仕事の恩恵から無縁ということは極めて稀と言える。『皇清経解』の編集などからも想像される通り、阮元は学術の世界に広く目が行き届き、自由闊達な学風を示した。

その彼に『釈順』という論文がある。儒教道徳の概念として、仁・義・礼・智・信とか、忠や孝などはよく知られているが、それらに劣らず重要でありながら、あまり知られていない概念として「順」がある。「順」の字は『孝経』に十回も使われていて、単に数量の問題ではなく、内容的にも明らかに『孝経』の核心概念であり、それ以外の春秋三伝や『国語』『易』『詩経』『礼記』などにもたびたび登場するものであって、孔子が編纂した諸経典において最重要の字なのだ、と論じている。

この議論は、現在の『孝経』研究ではあまり取り上げられていないようだが、実は大変重要な指摘だ。既に述べたように、『孝経』は孔子と曾子の対話という形を採っているが、その対話は、「「先王」が太平の世を実現させることができた根本要因は何であるか、分かるかな?」という孔子の問いかけから始まっている。この問いかけには『孝経』全体を貫く根本的関心が示されていると考えて良い。然るに、この部分の原文は「先王有至徳要道、以順天下、民用和睦、上下無怨、汝知之乎」で、天下太平を実現するという意味で「順天下」と表現されている。「治天下」でも「平天下」でもなく、「順天下」と言われていることに注目せよ、と阮元は言う。「順天下」とはどういう意味か？「順」は「逆」の対概念で、統治者が天下の人々の気持ちに逆らわない、それによって人々も統治者に反発しない、それこそが天下太平を実現する要だ、ということ。

阮元は、これを孔子の教えの核心だとしているが、伝説上は孔子が編纂したとされる『春秋』の他に、別系統で伝承された『左氏伝』や『国語』においても「順」が重要な概念であることを指摘しているのは興味深い。「順」は、決して孔子個人の独自の思想というわけではなくて、春秋戦国時代に広く見られた考え方ではないか、と思う。例えば『孟子』に「順天者存、逆天者亡」と言い、『管子《かんし》』にも「其功順天者天助之、其功逆天者天違之」と言う。いずれも、天の摂理に従ってやれば成功し、従わなければ失敗する、ということだ。天と言うと漠然としているが、水は高い所から低い所に流れるといった自然現象や、税金を搾り取れば民心が離れるといった心理現象も、そこには含まれるだろう。人の心の自然に上手く合わせることが大事で、そうでなければ社会の安定は得られない、というのが『孝経』の教えの核心だ、ということになるのかもしれない。

ここで私は阮元の説が正解だ、などと言うつもりはない。ただ、『孝経』の表面上の主題は「孝」だが、「孝」とは関係ないと思われる内容が少なくなく、そこに「順」という裏の主題が一貫して流れているのだ、という見方は大変に面白い。「順」という概念を意識しつつ『孝経』を通読してみれば、新たな発見があることと思う。

四書五経と『孝経』

内容の検討に少し踏み込んだが、『孝経』を軸とする儒教経典成立史に戻ろう。儒教経典というと、「四書五経《ししょごきょう》」という言い方を眼にしたことのある読者もおられるだろう。このうち、早くに成立していたのは「五経」で、『易』『尚書』『詩経』『礼』『春秋』の五つの経典を言い、後述するように前漢時代にはこの五経をそれぞれ教授する博士職が朝廷内に置かれていた。「五経」の一つの『礼』は、漢代においては『儀礼《ぎらい》』であり、唐の『五経正義』以降は『礼記《らいき》』が中心となった。なお、儒教経典のことを伝統的に「経書」、また経書を研究する学問を「経学」とも言う。

いっぽう、「四書」とは『大学』『中庸』『論語』『孟子』を言う。五経の一つ『礼記』の中から『大学』『中庸』の二篇を取り出し、さらに『論語』『孟子』と合わせて儒教の根本経典とするもので、北宋の二程(程顥《ていこう》・程頤《ていい》)がこれらを重視し、その考えを継承発展させた南宋の朱子《しゅし》

（一一三〇～一二〇〇）によって確立された。朱子学が科挙の標準学説となる元・明・清では、朱子の注が付いた四書は必修であり、その上で五経を、こちらも朱子やその流れを汲む学者たちの注で学んだ。以上の四書五経には『孝経』は含まれていない。

学術史を考える場合に気を付けなければならないのは、その学者が自らの学問を形成する過程で学習・利用した文献は、彼ら自身が著述・編集して後世に深い影響を与えた文献ではない、ということだ。例えば、現在では誰もが阮元の『十三経注疏』を標準版本として使っているが、阮元本人が学習・研究する際に使ったのは、当然それ以前の版本だ、ということ。当たり前だが、朱子の書いた注だけをどれほど熱心に勉強しても、朱子のような学者にはなれない。少なくとも、朱子が学習・研究した、より古い時代の注釈を読んで、そこから朱子がどのように自分の考えを発展させたのかを探っていかなければならない。そこで、明代中期から、朱子の注よりも古い注釈を読む必要性が重視されるようになり、『十三経注疏』の様々な版本が作られるようになった。最後は、清の嘉慶年間に、前述の阮元が主宰編集した版本が決定版として普及することとなった。

というわけで、朱子以前から重視された儒教経典はこの十三経ということになるが、その中には『孝経』『論語』『爾雅』『孟子』も含まれている。『孟子』は漢代から重要な儒家とされていて、後漢の趙岐《ちょうき》が注を書いたし、鄭玄も経典の注釈に『孟子』を引用している。しかし、経典だと見なされていたわけではなく、『孟子』の評価が上がった北宋においても、『荀子《じゅんし》』や揚《よう》雄《ゆう》『法言《ほうげん》』などと同様に経典ではない「諸子《しょし》」という位置づけが一般であった。経典とされるのは、やはり四書の一つとされたからと言えよう。儒教経典はもともと、孔子が伝承・整理した孔子以前からある古典に限られ、孔子の弟子たちの記録や、後世の儒者の著作は経典と見なされなかった。だから、前漢から後漢の初期にかけては、孔子自身の言葉を含むと考えられていた『論語』や『孝経』であっても経典ではなく、あくまで経典学習の補助となる「伝」である、という扱いが普通だった。それが後漢においては、『春秋』と並んで『孝経』こそが孔子自らの著述で、最もよく孔子の意図を反映した経典の中の経典である、とされるようになった。これが、朱子に至ると、『孝経』は後人の手によって増補・改竄されていて、そのままの形では孔子の著作とはとうてい認められない、と主張した。だから四書からも外されていたのである。それ以降は、『十三経注疏』には入ったものの、経典研究の世界において『孝経』を核心として儒教的理論が展開されることはなかった。第四章で紹介する黄道周《こうどうしゅう》の著作などは例外的なものだ。至高の聖典から、番外の編纂物まで、『孝経』の地位は時代によって極端に上下した、と言える。

漢代の学術と儒学

秦末の混乱を乗り切って前二〇六年に漢王朝（前漢）を成立させた劉邦《りゅうほう》は、いわば成り上がりで、貴族でも文化人でもなかった。叔孫通《しゅくそんつう》によって訓練された朝臣たちが、厳粛な礼儀作法で劉邦に対する敬意を表現したのを見て、劉邦は「今日ようやく皇帝の身分の高さを実感できた」と語ったと言われる（『史記』「叔孫通列伝」）。その後、前二世紀半ばの文帝・景帝の時代までは、道家的な消極財政で民間の生産力恢復が図られ、次の武帝の時代（前一四一～前八七年）に董仲舒《とうちゅうじょ》の献策によって儒教がようやく国教化された、というのが一般的な理解であろう。董仲舒の献策によって五経博士《ごきょうはくし》の制度が作られたのは確かだが、董仲舒本人はその後、地方に飛ばされている。左遷かどうかは別として、武帝が彼を重用したとは言えない。それどころか、武帝の施策は儒教的思想に合わないものが多く、彼を敬慕した曾孫の宣帝も「わが漢王朝のやりかたは、覇道・王道両者を組み合わせたものだ」（『漢書』「元帝紀」）と言い、儒教が支持する王道だけを原則としているわけではない、と明確に主張している。

歴代の中国王朝は礼制（儀礼制度）を正統性の基礎をなすものとして重んじたが、具体的に前漢の礼制に関する議論を見てみれば、武帝が長年の準備を経て、国力を挙げて実現させた「封《ほう》禅《ぜん》」は、儒教経典に全く根拠が見当たらない儀礼だった。国家の儀礼は儒教経典の記載に合致する形に調整すべきだ、という主張は、前漢後期に徐々に優勢になり、最後は後一世紀初頭に王莽が新《しん》王朝を打ち立てて全面的に儒教的な王朝制度を作り上げたが、短期間で崩壊した。

後二五年に再興された漢王朝(後漢)は、政権の正統性を強化するために「緯書」と呼ばれる文献を利用した。布地が経(たていと)と緯(よこいと)によって織り成されるように、経書があれば緯書がある、ということで、経書のように組織立った内容の書籍ではないが、同様に権威のあるものとして扱われた。後世散逸してしまって、その全体像を知ることは困難だが、断片的に伝えられている内容は、天のお告げだったり、孔子の言葉だったり、多少神秘的な色彩がある。それらの言葉の中に、劉氏の漢王朝が天命を受けたものであることを示す内容が多く含まれていたらしい。

緯書とほぼ同じ意味で「讖緯《しんい》」という言葉も使われる。広義の緯書は、狭義の「緯」と「讖」に分けられるということで、その場合、「讖」は未来を暗示する天のお告げのようなもの、「緯」は経書と関連のある内容のものを指す。面白いのは、後漢の建初四年(七九)に行われた白虎観会議《びゃっこかんかいぎ》という、儒教経典の解釈についての公式会議の内容を整理したものと言われる『白《びゃっ》虎通《こつう》』という文献に、『孝経讖』『論語讖』が引用されていることで、明らかに『孝経』『論語』に関連する内容でありながら「緯」ではなく「讖」と呼ばれている。そこには、『孝経』や『論語』は正規の経書ではない、という意識が働いていたのではないか、という説がある。

「緯」と呼ぶか「讖」と呼ぶかは別として、後漢の時代、『孝経緯』は非常に広く人々に知られていた。そこには、例えば孔子の言葉として、「私の志は『春秋』に在り、行いは『孝経』

に在る。『春秋』は子夏《しか》に、『孝経』は曾参に託した」とか、「諸侯の政治行為に対する私の評価は『春秋』を見よ、私の考える人間関係のあるべき姿は『孝経』を見よ」などと書かれている。後漢後期の石刻で、隷書のお手本としても有名な『乙瑛碑《いつえいひ》（孔廟置守廟百石卒史碑）』（図3）、『礼器碑《れいきひ》（韓勅造孔廟礼器碑）』、『史晨碑《ししんひ》（魯相史晨祀孔子奏銘）』は、いずれも二世紀中ごろに建てられたものだが、孔子の業績を述べた部分には、それぞれ「作『春秋』、制『孝経』、□□五経、演『易』繫辞」「稽『易』制『孝』」「作『春秋』、復演『孝経』、刪定六藝」などと書いてある。「制」は制定した、「演」は説いた、といった意味だろう。実際には「作った」と

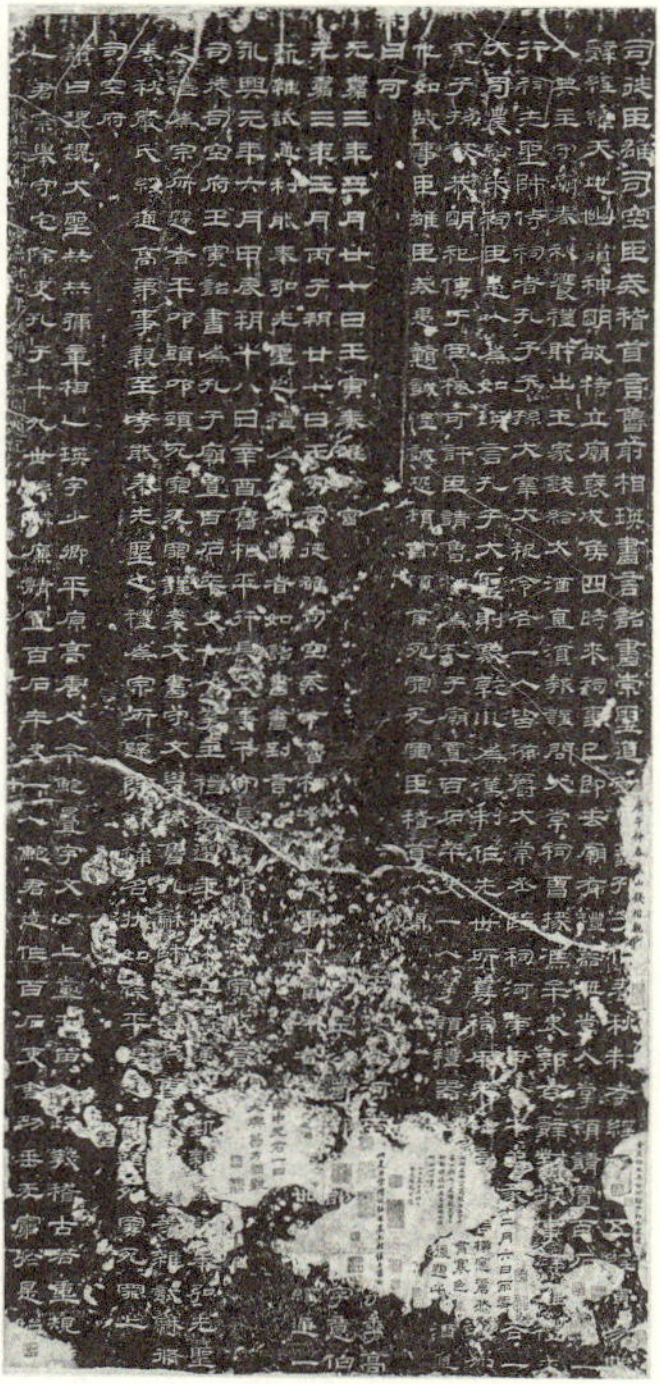

図3　乙瑛碑

いうことだが、漢文文章法として同じ単語を繰り返すことはできないので、少しずつニュアンスの違う言葉を使っている。孔子の伝記資料としては、前漢の司馬遷《しばせん》が書いた『史記』「孔子《こうし》世家《せいか》」が最も基本的なものだが、そこには『孝経』に関する言及が全く無かった。前漢から後漢前半までは、宇宙の摂理を示す『易』と、政治のあるべき姿を示す『春秋』が最も重要な経典とされていた。それが、孔子個人の聖人としての声望が高まった後漢後期になると、孔子自身が教えを説いたものとされる『孝経』の地位が『春秋』と並び、他の経典以上に重要なものとなったということが分かる。

皇帝の学び・官吏の学び

儒教経典としての地位はこうして前漢と後漢の間で大きく変化したと見られるが、『孝経』の学習・普及状況にはどのような変化があったのだろうか。全体的な状況を把握することは非常に困難だが、『孝経』は常に文字を学ぶのとほぼ同時に学ばれるものであったと思われる。

武帝の後を継いだ幼い昭帝は、十三歳ではじめて出した詔の中で、自分の教育状況を説明して、「通『保傅伝』『孝経』『論語』『尚書』未云有明」と言っている。『孝経』を含む四つの文献の前に「通じた」という動詞があり、最後に「未云有明」(精通しているとまでは言えない)という謙遜の言葉が入る。動詞「通」の目的語がどこまでか、解釈が分かれる所だが、少なくとも

『保傅伝《ほふでん》』(文帝期の賈誼《かぎ》の作)と『孝経』は皇帝の幼少期教育として必須だったのだろう。その昭帝が二十一歳で亡くなり、昌邑王《しょうゆうおう》が皇帝に迎えられたが、たちまち廃され、海昏侯《かいこんこう》とされた。代わって皇帝に迎えられたのが宣帝だが、その際に大臣が十八歳の宣帝を紹介した言葉に「師受『詩』『論語』『孝経』」とあり、正規の経典『詩経』の他に、『論語』『孝経』もちゃんと学習している、ということが、教育水準の一定の保証となっている。さらに宣帝の後を継いだ元帝についても、皇太子として十二歳で「通『論語』『孝経』」であった、とされている。その元帝が亡くなり、後を継いだ成帝に対して、お守り役の大臣が諭した言葉の中にも、「『論語』と『孝経』は聖人の言行の要《かなめ》なので、よくよく研究なされよ」とある。以上、前漢後半の昭帝・宣帝・元帝・成帝が『孝経』を学んだことは、『漢書』に記載されている。

そして、『漢書』の中で『孝経』を学んだという伝記的記述は、この四人の皇帝の少年期のもの以外には、景帝の息子広川恵王《こうせんけいおう》の孫である劉去《りゅうきょ》が広川王の位を継いだ際に、『易』『論語』『孝経』を習得していたという記事しかない。思うに、武帝以前であれば、儒教経典に親しみの薄い大人物も居たであろうが、昭帝以降の社会において、一定以上の教育を受けた階層であれば、『孝経』を学習するのは当然のことで、特に記録するには値しなかったのであろう。一方で、皇帝や王となる青少年の場合は、識字能力を含む基礎的教養があるかどうか、が根本的資格条件であり、『孝経』の修得がその代表だったために、このような記録状況になっているのだと考えられる。

成帝の次の哀帝も若くして亡くなり、その後を継いだ平帝は九歳で即位、実権は王莽が握ることとなった。やはり『漢書』によれば、平帝の元始三年(後三)、王莽の意向で「校学に経師一人を置き、序庠《じょしょう》に孝経師一人を置く」とされた。「校」「学」は大きな地方行政単位に置かれる学校で、それぞれ経典を教えられる教師を配置する。「序」「庠」は小さな地方行政単位に置かれる学校で、つまり町や村それぞれに『孝経』を教える先生を一人配置する、ということだ。同じ年、王莽の子が王莽と意見を衝突させ、王莽は我が子を毒殺し、それ以外の反対勢力にも大粛清を行う。その後、子孫を戒める説教書を作り、全国の官吏でその説教書を暗唱した者は、『孝経』暗唱者と同様に、有能な人材として役所で記録する、とされた。王莽の説教書がどの程度普及したのかは分からないが、この記載から、前漢末期、全国の下級官吏にとって、『孝経』は採用・昇進のためにも必修のものだったことが分かる。経典としての位置づけは不確定でも、学習の基本書としての地位は既に固めていたようである。

『漢書』「藝文志」から分かること

前漢末の成帝・哀帝の頃、すなわち前一世紀末、王室の収蔵図書の大整備が行われた。劉《りゅう》向《きょう》・劉歆《りゅうきん》という親子が主となって行われたこの事業は、単に蔵書を点検して並べ直したのではなく、内容を精査して、新たな校定版文献全集を作り直す、という画期的なものだった。その成果を我々は直接知ることはできないが、現在見ることのできる前漢以前に成立した文献は、全て劉向・劉歆の校定整理を経たものであると、とりあえずは想定されている。そして、現存最古の中国古典籍目録である『漢書』「藝文志《げいもんし》」は、劉歆がまとめた目録を基本的にそのまま採録したもの、と考えられているから、儒教経典についても、その早期の状況を知ろうと思えば、何よりも『漢書』「藝文志」が基本資料となる(以下、「藝文志」と略す)。

「藝文志」は、六藝略《りくげいりゃく》・諸子略《しょしりゃく》・詩賦略《しふりゃく》・兵書略《へいしょりゃく》・術数略《じゅっすうりゃく》・方技略《ほうぎりゃく》という六つの大きなカテゴリーに諸文献を分類している。さらに各カテゴリー内でも、例えば儒教経典を収める冒頭の六藝略では、『易』『尚書』『詩』『礼』『楽』『春秋』『論語』といったテキストごとに項目立てがなされていて、各項目で関連文献を整理・列挙し、その後に説明文が置かれている。

『孝経』はその六藝略の『論語』の後に項目立てされていて、二種類のテキストを著録している。引用してみよう(括弧内は原文の注)。

孝経古孔氏一篇(二十二章)
孝経一篇(十八章。長孫氏、江氏、后氏、翼氏四家)
長孫氏説二篇、江氏説一篇、翼氏説一篇、后氏説一篇、雑伝四篇、安昌侯説一篇

このうち「長孫氏説二篇」以下の四氏「説」は、順番こそ違うが「孝経一篇」の注に出てくる「四家」と同じで、『孝経』本文の意味を解説しつつ、政治倫理的教訓などを演繹的に述べたものであろう。「藝文志」にはこの後に簡単な説明があり、「漢になって、長孫氏《ちょうそんし》・博士《はくし》江翁《こうおう》・少《しょう》府《ふ》后倉《こうそう》・諫大夫《かんたいふ》翼奉《よくほう》・安昌侯《あんしょうこう》張禹《ちょうう》が『孝経』を伝え、それぞれ一家を成したが、経文は皆同じであった」としている。テキストとしては「孝経一篇」だけで、それへの「説」の方は五人それぞれ一種ずつあるということだ。おそらく、長孫氏らが伝承した『孝経』本文とその「説」が、宮中の資料室に別々に保管されていたのだろうが、劉向・劉歆の点検の結果、『孝経』本文は同じであることが確認されて、これを同一文献と見なして整理したのであろう。「孝経一篇」の注に四家挙げられて「安昌侯」が含まれていないのは何故か、疑問に思われるかもしれないが、おそらく深い意味は無い。張禹は、成帝の皇太子時代の家庭教師で、成帝が即位すると宰相として強い影響力を持った。その後宰相の地位を降りて安昌侯となったが、成帝からは手厚い待遇を受け続けた。社会的地位が非常に高かったので、彼の『論語』『孝経』解説は大変に流行したと言われている。ということは、劉向・劉歆が宮中資料室の文献を整理している同時代に広く世間に流通していたので、張禹の『孝経』本文がどのようなものであるかは特に注記する必要もなかったのであろう。

孔子の旧宅から見つかった『古文孝経』

「藝文志」に著録される長孫氏以下五家の「説」は、その断片すら伝わっていない。ごく最近のこととして、前述したように、昭帝の後を継いで即位しながらたちまち廃された海昏侯のものだとされる墳墓が江西省南昌市で発掘され、その中からは『孝経』に関係する竹簡も出土しているが、分量があまりにも少なく、内容を議論するのは難しい。結局、「藝文志」の記述で最も重要なのは、『孝経』本文が二種類あった、ということだ。先に引用した説明文には、長孫氏ら五家それぞれの「説」があったが、『孝経』本文は同じだった、とするのに続けて、次のように書かれている。「ただ、孔家の壁の中から出てきた古文だけは違っており、「父母生之続莫大焉」「故親生之膝下」など諸家の解説が覚束ない個所で、古文は文字も読み方も別のものになっている」(この内容については第五章参照)。

「孔家の壁の中から出てきた」という話は、「藝文志」では『孝経』よりも前に置かれている『書』(『尚書』)の項目での説明がやや詳しい。そこでは、「武帝の末年に、魯の共王《きょうおう》が孔子の旧居を壊して自分の宮殿を増築しようとして、『古文尚書』と『礼記』『論語』『孝経』など数十篇、いずれも古字で書かれたものを発見した」とされている。同じ話が、『漢書』の魯の共王の伝記部分にも書かれている。しかし、『漢書』のもととなった『史記』の魯の共王の伝記には、宮殿を建てるのが趣味だったという話はあっても、孔子の旧居を破壊して古文文献を得たという話は無く、それが『漢書』では最後の部分に取って付けたように置かれている。これはどういうことだろうか。

劉歆に「移書譲太常博士」という有名な文章がある。伝統的学説に固執し、新発見の古文経典を受け容れようとしない官僚学者たちを批判したもので、著名な詩文集『文選《もんぜん》』にも収録されているが、その中にこの孔子旧居からの文献発見の話が出て来ている。ただし、「移書譲太常博士」では『孝経』は挙げられておらず、「武帝の末年」という言い方も無い。実際には、魯の共王は武帝の治世の前半で既に亡くなっている。「移書譲太常博士」の記述は、経典の伝承過程を時間順に述べ、武帝の時のことを論じた後に魯の共王の話題となっているので、一見するとこのエピソードが「武帝の末年」の出来事であるかのように誤解されかねない。というわけで、『古文孝経』が魯の共王が孔子の旧宅を壊した時に出てきたものだというのは、劉歆以降、『漢書』の作者班固《はんこ》までの間、すなわち前一世紀末から後一世紀末までに作られた、一種の伝説と言うべきであろう。

劉向・劉歆は、宮中資料室に保存されている数多くの『孝経』の本を点検して、多くの学者の異なる解説があるものの、『孝経』本文そのものは皆同じだ、と判断した。ただし、もう一種類、前漢の学者たちが使っていたのとは明らかに違うテキストの『孝経』があり、文字も古い字体で書かれていたので、これを『孝経古孔氏』と名付けたのであろう。後世、これを簡単に『古文孝経』と呼ぶ。これに対して、前漢の学者たちが普遍的に使っていた『孝経』本文は、『今文孝経』ということになる。

さらに、テキストの構成に立ち入ってみよう。「藝文志」の注は、『古文孝経』は二十二章、『今文孝経』は十八章、と記していた。現在我々が見ている『漢書』の標準版本は、唐代初期に顔師古《がんしこ》が『漢書』の注を編集してできあがったものだが、『古文孝経』二十二章という個所への顔師古の注は、「劉向は言う。古文字である。庶人章を二つに分け、曾子敢問章を三つに分け、さらに一章が多くなっていて、全部で二十二章だ」となっている。『古文孝経』が二十二章で『今文孝経』より四章多いのは、具体的にどういう状況なのかの説明だ。興味深いのは、この説明が、第二章で紹介するように、『古文孝経』がその後いったん散逸し、隋代に再出現した後の章立てに全く符合していることだ。話が少しややこしくなるが、主に二つの可能性が考えられる。一つは、隋代の『古文孝経』には偽作説があるが、そのテキストは実は劉向の見たものと基本的に同じだった、ということ。つまり隋代再出現の『古文孝経』は本物ということになる。もう一つの説は、上引の劉向の言葉は「古文字である」までで、以下の章の分け方の説明は顔師古が隋代の『古文孝経』を根拠に書いた、ということ。どちらが本当か、今のところ判断がついていない。

『古文孝経』に関する漢代の情報は、「藝文志」の他にもある。一つは、現在の文字学の原点とされている『説文解字《せつもんかいじ》』を、作者許慎《きょしん》の息子許沖《きょちゅう》が建光元年(後一二一)に皇帝に献上した際、おまけとして『古文孝経説』も献上したこと。これは、現行版本『説文解字』最終巻に収められた許沖の上奏文に見えている。前述のように、「藝文志」には長孫氏以下五家の「説」が著録されているが、いずれも『今文孝経』についての注釈であり、『古文孝経』の「説」は著録されていない。許沖によれば、『古文孝経』は「昭帝の時に魯の長老が朝廷に献上したもので、後漢の光武帝の建武年間(後二五〜五六年)に衛宏《えいこう》が校定した」という。「藝文志」が言う魯の共王発見説と異なるが、武帝の時代に共王が発見したものが昭帝の時に献上された、という話ならば、必ずしも別のものとは限らない。

もう一つの情報は、劉歆とも交流があった桓譚《かんたん》の書『新論《しんろん》』の記述で、「古孝経一巻、二十章、千八百七十二字、今異者四百余字」という。『新論』は早く散逸しているが、この言葉は北宋の百科事典的な書物である『太平御覧《たいへいぎょらん》』などに引用されて現在に伝えられている。「二十章」というのが本当であれば、「藝文志」に著録された『古文孝経』とは異なるが、本来「二十二章」と書かれていたものが脱字で「二十章」になっただけだ、という可能性も考えられる。

さて次に、「千八百七十二字」というのは、だいたい現在我々の見る『古文孝経』『今文孝経』の文字数と同じと考えられるが、千八百字前後の『孝経』の中で「四百余字」が異なっているとすれば、二割以上の文字が違うことになり、大問題である。例えば、足利学校所蔵『古文孝経』を校勘した江戸時代の儒者山井鼎《やまのいてい》も、『古文孝経』と『今文孝経』との間で文字の異同は数十字に過ぎず、桓譚の言う「四百余字」とかけ離れていることから、足利学校の『古文孝経』の信憑性に疑問を呈している。

そこで改めて『太平御覧』などでの『新論』の引用を見てみると、桓譚は『易』『尚書』『礼記』『論語』の古文テキストの巻数・篇数・字数等を順次述べ、最後に『孝経』の章数・字数を述べてから、「今異者四百余字、嘉論之林藪、文義之淵海也」(現行の本と異なる個所が四百以上あり、素晴らしい教え・説話の宝庫である)と言っている。私見だが、この記述は『易』『尚書』『礼記』『論語』『孝経』全体についての評価と考えるのが自然であろう。なぜなら、『易』『尚書』『礼記』『論語』については巻数などの数字しか挙げず、『孝経』だけ特別にその意義を論じるというのはおかしいからだ。『易』以下の経典それぞれに古文テキストがあり、現在の通行本と較べると、総計四百以上の異文があって、貴重な内容をたくさん含んでいる、という意味なら、非常によく理解できる。「藝文志」顔師古注や『孝経注疏』は、『孝経』の字数と「今異者四百余字」だけを引用しているので、『古文孝経』と『今文孝経』で四百字以上の差異があることになっている。一方、『経典釈文《けいてんしゃくもん》』や『論語注疏』には、桓譚が『論語』について「今異者四百余字」と言った、という説も見られる。

桓譚『新論』は早くから散逸しており、各種文献に引用された内容しか見ることができない。引用は往々にして恣意的であり、引用されたものをさらに孫引きすることも多く、伝言ゲームのようなものだから、著者本人の意図が歪曲される可能性は高い。そもそも、原著の文章が全て合理的な内容だったという保証も無い。したがって、できるだけ原著に近い引用文、断片的ではなくある程度まとまった内容の引用文を探して、本来の主旨を推論していくべきだが、同時に、結局本当のところは分からないが、という保留の態度を維持する必要がある。

「古文vs今文」——儒学史の幻想

漢代の儒学というと、「今文学派」と「古文学派」の対立という図式で議論が展開される場合が多い。既に述べたように、「今文」「古文」というのは経典を記している字体とそのテキストの違いに由来するのだが、双方を支持する学者どうしで優劣論争が繰り広げられたというのである。守旧派と革新派、貴族集団と新興勢力、左派と右派、東大学派と京大学派、などなど、二つの立場あるいは勢力の対立と盛衰の過程として歴史を捉えることは、非常に分かり易いので人気がある。一つの社会を構成する無数の人々をたった二つの立場に分けてしまうのは乱暴な話だが、大まかな理解をする上では便利なこともある。しかし、漢代の今文・古文については、議論が深まれば深まるほど、対立図式で理解することの無理が際立つ結果となって今に至っている。

今文・古文の対立という議論は、もちろん火の無い所に立った煙ではない。象徴的な例が、先に引用した劉歆の「移書譲太常博士」である。劉歆が『左氏春秋』『毛詩』『逸礼』『古文尚書』を学官に立てることを希望したものの、博士たちに拒否されたので、自らの考えを述べて博士たちを批判したのが、この文だ。「学官に立てる」とは、五経のそれぞれについて形成された一流派の学説が官学として認められ、あらたに博士の職位が設置されることを言う。前漢時代を通して、このように官学として認められた五経の流派は変動が大きいが、後漢初期の状況で言うと、『易』が施《し》・孟《もう》・梁丘《りょうきゅう》・京《けい》の四家、『尚書』が欧陽《おうよう》・大夏侯《だいかこう》・小夏侯《しょうかこう》の三家、『詩経』が魯《ろ》・斉《せい》・韓《かん》の三家、『礼』が大戴《だたい》・小戴《しょうたい》の二家、『春秋』が厳《げん》・顔《がん》の二家で、合計十四の流派だったとされる。それぞれの流派に、複数の博士職位枠が与えられていた。

劉歆は、宮中資料室の収蔵文献を整理する過程で、『左氏春秋』『毛詩』『逸礼』『古文尚書』などの古文テキストを見出し、それらを朝廷公認の新たな正規経典に認定し、それぞれに博士職を設置することを求めた。今文テキストを用いていた既存流派の博士たちにとってみれば、自分たちが独占していた地位が脅かされ、少なくとも相対的にその重要性が下がることだから、当然反対ということになる。これは、学術的な論争などではなく、地位と権益の争奪戦だった、だからこそ双方必死だったのだろう。『古文孝経』も劉向・劉歆が宮中で確認・整理したものだが、少年期から学ぶべきとされる『孝経』は五経の範囲に入らないので、中央の博士職位はそもそも設置されていない。だから、「移書譲太常博士」に『孝経』はもとから出てこないのである。

その後、後漢時代に今文・古文の論争はしばしば記録されているが、前漢以来『春秋』の官学として認められている『公羊伝』『穀梁伝』と『左氏伝』との間で優劣を競った議論が多く、それはつまり、『左氏伝』の博士職を設置するかどうかという問題に帰結する。職位争奪戦は、『尚書』なら『尚書』、『春秋』なら『春秋』という各経典の流派どうしで競われるものだから、他の経典の問題は直接には関係しない。古文テキストを研究した者が、今文テキストを用いる既成の官学社会に新規参入しようとして摩擦を起こしたが、前者と後者がそれぞれ経典の違いを乗り越えて団結して共通の学説を形成し、両陣営の間で論戦が行われた、という形跡は見られない。『説文解字』の著者許慎が『五経異義』という本を書いて、当時の経典諸学派の学説を整理しており、諸経典の「古」「今」諸学派の説が挙げられているが、同じ「今」でも経典が違えば説が違うので、学説の上から見て、統一的な「古文学派」「今文学派」が形成されていたわけではないことは明らかだ。

したがって、その後魏晋南北朝時代(二二〇～五八九年)から隋(五八一～六一八年)・唐(六一八～九〇七年)・五代(九〇七～九六〇年)・宋(九六〇～一二七九年)・元(一二七一～一三六八年)・明(一三六八～一六四四年）を経て清（一六四四～一九一二年）の前期まで、漢代の学術について、今文・古文の問題はほとんど議論されていない。清代中期になると、先に述べたように朱子学（宋学）以前の儒学への関心が高まって、漢代学術の研究が進んだ。これを「漢学」「古学」などと呼ぶが、清代後期にはさらに前漢の諸学説が注目されるようになった。清末になると、西洋列強の侵略によって文明崩壊の危機感が高まると同時に、前漢の今文学の学説に借りて政治改革を主張することが流行した。こうして今文学の存在感が一気に高まり、並行して古文学という対抗概念も強化された。その流れで、民国期には、今文学派・古文学派それぞれに共通の主義主張を整理するような試みも行われた。それらの説を真に受けると、漢代の学者は全て今文学派・古文学派のどちらかに判別できるかのような錯覚に陥ってしまう。今文学派・古文学派とは、簡単に言えば、清末に政治的目的を持って成長した今文学派によって形成された今文・古文対立の図式が、漢代に投影されて出来た幻想である。

『今文孝経』と『古文孝経』は章構成が異なる

繰り返すが、漢代の『今文孝経』は十八章で、『古文孝経』は二十二章だった。文字も、おそらく解釈の分かれる重要な個所で、異なる所があった。漢代の資料から確実に知られるのは、この程度に過ぎない。十八章の『今文孝経』は、現在まで間断なく読み継がれてきているから、多少の文字の変動はあるにせよ、だいたいは漢代から変わらないもの、と想定してよい。問題は『古文孝経』で、既に述べたように現在我々が見ることのできる『古文孝経』は、隋代に再出現して日本に伝えられたものであり、それと漢代に孔子の旧居から発見された『古文孝経』との関係は全く分からない。

あくまでも隋代に出現したもので、漢代のものと同じかどうかは分からない、という前提を置いた上で、現存する『古文孝経』と『今文孝経』を比較してみると、一見して明らかなのは章立ての違いで、諸先輩の『孝経』概説に倣って表にすれば、以下のとおり。なお、章名は『孝経』に本来備わっていたものではなく、異なる名称も使われている。例えば、上引「藝文志」顔師古注に「曾子敢問章」と言うのは、現在一般に「聖治章」と呼ばれる章を指す。本書では便宜上、通行の章名を用いる。

要点は上述「藝文志」の顔師古注に書かれていた通りで、「閨門章《けいもん》」は『古文孝経』独自のもので『今文孝経』には無い。それ以外は、『今文』の一章が『古文』で二章・三章に分けられている個所と、「感応章」(『古文孝経』では「応感章」)の位置が変わっているが、内容自体は基本的に同じと言ってよい。したがって、北宋時代に『古文孝経』を目にした司馬光《しばこう》をはじめ、近代の学者に至るまで、『今文孝経』と『古文孝経』は大同小異である、というのが定評だ。

しかし、それならば何故このような差異が存在しているのだろうか？　単なる偶然で意味は

『孝経』篇目対照表

『今文孝経』	『古文孝経』
開宗明義《かいそうめいぎ》章第一	開宗明義章第一
天子《てんし》章第二	天子章第二
諸侯《しょこう》章第三	諸侯章第三
卿大夫《けいたいふ》章第四	卿大夫章第四
士《し》章第五	士章第五
庶人《しょじん》章第六	庶人章第六 孝平《こうへい》章第七
三才《さんざい》章第七	三才章第八
孝治《こうち》章第八	孝治章第九
聖治《せいち》章第九	聖治章第十 父母生績《ふぼせいせき》章第十一 孝優劣《こうゆうれつ》章第十二
紀孝行《きこうこう》章第十	紀孝行章第十三
五刑《ごけい》章第十一	五刑章第十四
広要道《こうようどう》章第十二	広要道章第十五
広至徳《こうしとく》章第十三	広至徳章第十六
	応感《おうかん》章第十七
広揚名《こうようめい》章第十四	広揚名章第十八
	閨門《けいもん》章第十九
諫諍《かんそう》章第十五	諫諍章第二十
感応《かんおう》章第十六	
事君《じくん》章第十七	事君章第二十一
喪親《そうしん》章第十八	喪親章第二十二

＊太字＝今文と古文で位置が違う章，□＝古文独自の章．

無い、と考えれば、『今文』と『古文』にはさほど違いは無いという理解で済ますことになる。しかし、章立てに重要な意味がある、とする立場もあり得る。現存する多数の『孝経』注釈・解説文献の中で、おそらく唯一そのような立場を採ったのが、鄭玄の注であった。この問題については、最近私が「鄭注孝経経学解」という論文を書いたので、詳細はご参照頂きたいが、鄭玄の『孝経』解釈は、正に『今文孝経』の章立てを前提として考えられており、同じ言葉・文句であっても、『古文孝経』の章立てであれば成立しないようになっている。

例えば、「聖治章」(『古文孝経』では「父母生績章」)に、「父子之道天性、君臣之義」という言葉がある。これは一般的には、君臣関係は父子関係に既に内包されている、という意味に解釈されているのだが、鄭玄は、父子関係が絶対であるのに対して君臣関係は流動的だという意味に理解する。さらに鄭玄は、この解釈と呼応させるべく、後の「事君章」を、君臣関係の終了に関する内容と理解しているのである。これらはいずれも鄭玄に独特な理解で、後世の学者で同様の解釈をした者は無いが、鄭玄の特異な解釈は、正に章の構成を根拠として推論されたものであった。そして、『古文孝経』の章立ては、こうした鄭玄の解釈を否定するために設計されたのではないかと疑いたくなるようなものだ。解釈の具体的内容については、本書第五章で実例をご覧頂きたい。

というわけで、現在我々の見る『今文孝経』『古文孝経』は、ほとんど同じ内容ではあっても章立てが大いに異なり、それは内容の理解を大きく左右する可能性を持っていた。だからこそ、わざわざ別のものとして遺ったのである。

鄭玄による儒学の体系化、テキストと注の一体化

このように、章立ての違いに大きな意味があることに私が気づいたのは、全く鄭玄の注のおかげであった。鄭玄は、儒教経典の伝承・研究の歴史において、最も重要にして異質な存在である。

現在儒教経典の標準版本とされる『十三経注疏』は、十三の経典それぞれに「注」と「疏」が加えられている。注は漢から晋の間の学者によるもの、疏は唐宋の学者による解説である。注は、経典の本文中に語釈などの解説を割注で注入したものである。ある時期から、経典本文が単独で伝承されることはなくなり、たいていは本文と注が一体化した形で書写あるいは印刷されて伝えられてきた。疏は、そのような経典本文と注の内容をさらに解説したもので、こちらは独立した参考書といったところ。

もともと、前漢の経典注釈は、「伝」や「記」、あるいは「藝文志」の『孝経』の五家のように「説」などと呼ばれ、経典本文とは別に書かれていた。伝説では、後漢中期の学者馬融《ばゆう》が、経典本文の間に注を加えることを始めたとされる(『毛詩正義』)。しかし、馬融の注釈は全て散

逸しており、極く少数の文句が引用されて伝えられるに止まる。完全な形で現在まで伝承されている儒教経典の注釈は、当時まだ経典ではなかった『孟子』に趙岐がつけた注は例外として、後漢後期の何休と鄭玄のものが一番古い。何休は『春秋公羊伝』に注をつけただけだが、鄭玄は『易』『尚書』『詩経』『周礼』『儀礼』『礼記』と、つまりは『春秋』以外の主要経典全てに注をつけ、さらに『孝経』『論語』や緯書にも注を施している。鄭玄が一時期師事したとされる馬融が、これらの経典に既に注をつけていたとされているが、上述のように僅かな断片が伝わるに過ぎない。

鄭玄の注は、『易』『尚書』『孝経』『論語』は宋代以降に散逸したが、『詩経』『周礼』『儀礼』『礼記』は現在に至るまで標準的注釈の位置を保ち続けている。鄭玄の学説に不満を持った宋代の学者たちは、鄭玄の説は不適切であるのに、注として経典本文と共に伝承され続けているために、その影響を排除できないことを遺憾としていた。『詩経』『周礼』『儀礼』『礼記』を勉強しようと思えば、嫌でも鄭玄の注がついてくる、という状況が現在まで約千八百年続いている。もちろん、宋代以降、新たな注は多数作られているものの、鄭注は「古注」として伝承が絶えることはなく、それが一番の基礎だという認識は変わらなかった。

では、鄭玄の注の特徴は何か？　鄭注を見ていると、それが非常に精緻な体系性を持っていることは明らかだ。前漢の五経博士は、既に述べたように一つの経書にだけ習熟していればよかったが、馬融・鄭玄のように多くの経書に注をつけるとなれば、複数の経書の注どうしの整合性が求められる。これは、当たり前のようでいて、実は非常に困難な作業となる。何故なら、儒教経典は、それぞれ別の時期に別の人々によって作られ、伝承されてきたものなので、最初から整合性など考えられていないし、相互に矛盾する内容も少なくないからだ。おそらく後漢前期から、諸経典の解釈に整合性が求められるようになったかと思われる。既述の『五経異義』なども、そのような試みの一つであった。しかし、整合性の追求は、一朝一夕に実現するものではなく、多くの議論を通して調整が繰り返される必要があった。実態は全く不明ながら、馬融の注も、そうした調整の過程に在ったものではないかと思われる。そして、後漢の最後に現れた鄭玄が、独自の方法で、説得力の高い諸経典の統一的解釈を打ち出し、彼の注が一挙に広く普及することとなった。

鄭玄の『孝経』注釈が成し遂げたこと

最近百年の鄭玄に関する研究は、その体系的学説をより深く正確に理解することに重点が置かれてきた。鄭玄が、諸経典および緯書の注のあちこちで述べている内容を比較・綜合して、その理論体系を明らかにする研究が蓄積されてきた。しかし、私はそのような研究に、しだいに疑問を感じるようになった。それは、鄭玄は何をしようとしたのか、という問題である。確かに鄭玄の注の背後には、壮大で緻密な理論体系が存在している。しかし、鄭玄は理論体系の本を書いたわけではない。鄭玄が書いたのは経典の注に過ぎない。鄭玄は、本当に理論体系の精緻化を最終目標にしていたのだろうか？

十数年前に鄭玄の『論語』の注を読んで、その奇抜な解釈の数々に衝撃を受けた。その後、清末の記念碑的著作『周礼正義』を読んでいて、作者孫詒譲《そんいじょう》が鄭玄の注の解釈を批判している個所が気になって重点的に調べてみた結果、鄭玄は経典の文脈や文構造を子細に分析することによって、同じ言葉でも、それが置かれた場所に応じて異なる解釈をしている、ということに気づいた。実は、鄭玄の注に一貫性が無く、その場その場で違う意味で解釈している、というのは、唐代以来、鄭玄を批判した学者たちの評価であった。場当たり的であることは、緻密な理論体系性を具えていることと矛盾するようだが、鄭玄の注は確かにその両方の特徴を持っている。批判者に言わせれば場当たり的なそれらの解釈、あるいは『論語』の注に見られるような奇抜な解釈は、実は経典の文脈を丁寧に分析した鄭玄の超絶的努力の成果であり、そのような経典本文の深層理解の基礎の上に、鄭玄の学説理論体系は形成されていたのである。

その後さらに『礼記』『孝経』の注を読むに及んで、鄭玄の注こそが、経典を経典たらしめているという思いを深くするに至っている。先に『古文孝経』と『今文孝経』の章立ての違いを紹介した際に、鄭玄の注は、章立てを根拠に言葉の解釈を考えていることを述べた。現存する『孝経』の解釈は汗牛充棟《かんぎゅうじゅうとう》だが、鄭玄のやり方は他に例を見ない。それは何を意味するか？鄭玄の注によってのみ、『今文孝経』の章立てに十分な意味があることになる。それ以外の学者の解釈に依るならば、章の分け方や順番は、経文の理解に何ら影響を与えない、どうでもよいことになる。実は、『論語』の注でも『礼記』の注でも、鄭玄は常に、経典の全ての言葉に、その存在と出現順序に、最大限の意味を与えられるような解釈を考えていた。経典の中に、有っても無くてもよい文句など存在してはいけない。経典の字句の配列には、必ずそうでなくてはならない意味があるはずだ。鄭玄は、そのような要求に応える解釈を必死に考えて注を書いた。

儒教の経典は、当然ながら漢字だけで出来ている。漢字そのものは、使用頻度の差こそあれ、誰もが使っているものであって、経典だけの特殊な漢字があるわけではない。誰もが使う漢字を並べただけのものが、神聖性を持つとすれば、その秘密は並べ方に在るに違いない。鄭玄の注は、経典の文字の存在と配列に、最大限に意味を盛り込む解釈を提供し、それによって経典の文字は、極端に言えば一字たりとも省略したり変更したりできないものとなった。つまり、聖なるものとなったのである。そもそも、『礼記』などは、雑多な来源の文章の寄せ集めで、その中には漢代の学者が書いたと言われる部分も含まれる。そんなものが、どうして経典たり得るのか？　むしろ鄭玄が注をつけたことによって、『礼記』は経典としての地位を獲得したのだ、と言えよう。そして、『孝経』は人間関係について議論しているわけだから、倫理を内容とする『礼記』の中に含まれていてもおかしくないものだ。『孝経』は、後漢においては、孔子自らの作品として高い価値を認められてはいたが、その本文が、細部にまで重要な意味が込められた、真に価値ある聖典であると実感されるのは、正に鄭玄の注があればこそなのである。

鄭注の普及

諸経典の鄭玄の注は、迅速に普及した。魏の王粛は、鄭注に非常に強い不満を持ち、その中の夥しい個所に異を唱え、新たな注を作った人物だが、その彼が『孔子家語《こうしけご》』という書物に序文を寄せている。『孔子家語』は、『論語』に未収録の孔子一門のエピソードを、孔子の子孫である孔安国が整理・編纂したものだとされている。王粛の序文は、「鄭氏の学が流行して五十年になる。私も子供の頃勉強を始めた時は、鄭氏の注を勉強したものだ」という言葉で始まっている。鄭注は、正に一世を風靡したと言ってよいだろう。その後、『易』については魏の王《おう》弼《ひつ》の注、『尚書』については東晋に所謂『古文尚書』孔安国伝という注(今日では、前述の孔子の旧居から発見された『古文尚書』ではなく、経文も注も偽作だと考えられているので『偽古文尚書《ぎこぶんしょうしょ》』とか「偽孔伝《ぎこうでん》」と呼ぶ)、『論語』には魏の何晏《かあん》らによる『集解《しっかい》』という注が現れ、南北朝期には鄭注と並んで流行し、唐代には鄭注があまり読まれなくなり、宋代には既に散逸してしまった。しかし、『詩経』『周礼』『儀礼』『礼記』については、王粛が対抗して作った注も鄭注に取って代わるには至らず、現代に至るまで鄭注のみが権威ある古典的注解として普及を続けている。

鄭玄の注した『孝経』は、今文であり、それ以外に古文のテキストが存在した。前述の通り、『漢書』「藝文志」に『古文孝経』二十二章が著録されている。しかし、『孝経』の鄭注には、古文の異文に関する記述が全く見られない。これは、『論語』のケースと全く異なる。「藝文志」によれば、当時『論語』には『魯論《ろろん》』と『斉論《せいろん》』、さらには既に述べた孔子旧居から発見された古文の『古論《ころん》』の三つのテキストがあり、篇数も違っていた。敦煌から出土した『論語』鄭注の写本では、『魯論』と『古論』の文字の異同を記録していることなどから、『論語』については鄭玄は三つのテキストを見ていたことが分かるのである。

情報が乏しく、実情は不明だが、鄭玄の当時『古文孝経』の方は既に散逸、あるいはほとんど存在感が無かったのかもしれない。その後、魏晋南北朝期の晋代や梁代に『古文孝経』が使われた記録があり、その間の南斉では、鄭注は偽作ではないかと疑義を呈する論者もあったが、この時期に流通していた『孝経』はほとんどが今文の鄭注だったと思われる。隋代に、前漢の孔安国のものとされる「伝」が付された『古文孝経』が出現すると、朝廷にも認められ、一定の影響力があったが、唐代前期においても学習者はほとんどが鄭注の『今文孝経』を使っていた。その後、唐の玄宗が自ら注をつけた『御注孝経』が出現し、朝廷の権威によって全国に普及させられた結果、鄭注はしだいに顧みられなくなった。

テキストは変化する

印刷技術が無い時代には、典籍は手書きで写すしかない。朝廷の図書館などであれば、書写も丁寧になされただろうが、民間で学習者が書き写すとなると誤字・脱字などが起こるのは避けられない。ましてや、幼童が識字教育と並行して書写した『孝経』などは、誤字・脱字が無い方が不思議なくらいだったはずだ。標準となる印刷物が存在するのであれば、偶然発生した誤字・脱字などは容易に発見され、修正することができるが、写本しか無い世界で、誤字・脱字などに気づくことは極めて難しい。したがって、写本時代の典籍は、相当に流動性の高いテキストだったと考えなければならない。

経典の場合は、注が付くことによって、テキストの安定性が飛躍的に高まったと言える。本文だけでは、文字に変化が起きても気づかれにくいが、注が付いていると、本文と注には明確な対応関係があるので、どちらかが変化してしまうと話が通じなくなる可能性があるからだ。それでも文字の変化を防止することはできないので、学者たちはかなり苦労している。

そうした印刷以前の時代にあって、「石経《せっけい》」は、文字テキストを固定させる一つの試みだった。朝廷が校定して正確と認めた経文を、石碑に刻み込めば、長く後世に伝えることができるし、各地の学者も疑問があれば石碑を見に来ればよい。石経は後二世紀後半、後漢の熹平石経《きへいせっけい》が最初とされているが、『孝経』はそこには含まれなかった。やはり、真の経典ではない、という意識が働いていたものと思われる。『孝経』が石経に収録されるようになるのは唐代からである(第三章参照)。変わった例では、唐初の孔穎達《くようだつ》が書いた『春秋正義』という注釈書が、王羲之《おうぎし》の写本を根拠に経典の正しい文字を議論している。写本は無数に存在しても、相互に参照できない場合がほとんどだから、どの写本と指定してもあまり意味が無いが、書聖王羲之の墨蹟であれば、宝物として何百年も大事にされ、多くの人が鑑賞するので、石経ほどではないにしても、一定の社会性を具えていたのだろう。

「音義《おんぎ》」と呼ばれる書物も編纂された。これは、経典の文字の異同や読み方・意味などを記録したものだが、経典本体に組み込まれる注とは違って、問題のありそうな文字だけを抜き出して説明をしている。学習者は、自分の持っている写本と音義を突き合わせて見ることで、誤字を修正することができた。南北朝期の各種音義類を集大成したのが、陳から唐初にかけて著名だった陸徳明《りくとくめい》という人物の『経典釈文《けいてんしゃくもん》』で、これは現在まで伝えられている。しかし、面白いのは、この『経典釈文』にも大規模な修訂が加えられていること。例えば、陸徳明は『尚書』の「舜典」部分は王粛の注本を採用していたが、現在我々の見る『経典釈文』の当該部分は、所謂『偽古文尚書孔安国伝』の文字を対象にしたものになっている。同様に、陸徳明は『孝経』に鄭注本を採用していたが、現在我々の見る『経典釈文』の『孝経』部分には、唐の玄宗の『御注孝経』に合わせた調整が加えられている。これらの変更は、いずれも北宋時代、各種典籍が朝廷による校定を経て、木版印刷されるに当たって加えられたもの、と考えられる。

経典の印刷は、一〇世紀、五代の時期に始まり、北宋王朝によって一通り完成された。北宋王朝が重視した典籍は、こうして印刷されたので、ほとんどが現在にまで伝えられている。「北宋版」は文献学上も、古書としても、極めて価値が高い。しかし、重要ではないと考えられた典籍は、往々にして印刷される機会を得られず、南宋以後徐々に散逸してしまった。『孝経』について言えば、北宋で重視されたのは『御注孝経』と、司馬光らが再編集した『古文孝経』で、鄭注の『孝経』は既に読まれなくなっていた。こうして、北宋王朝によって印刷される機会を得られなかった鄭注の『孝経』は、ついに散逸してしまった。

日本で再発見された鄭注――『群書治要』という書物

『宋史』「日本伝」に、雍熙《ようき》元年(九八四)日本の僧奝然《ちょうねん》が宋の太宗に面会した際に、『孝経』一巻と『越王孝経新義《えつおうこうきょうしんぎ》』一巻を献上したという記録がある。金糸刺繍の赤錦で表装され、軸には水晶を使った立派なもので、『孝経』一巻は鄭注だったとされている。実際には太平興国九年のことだったらしいが、年の途中で改元されているので、実は同じ年である。北宋の状況として『孝経』鄭注について知られるのは、司馬光が宮中に鄭注がある、と言っていることぐらい。そうだとすると、北宋の人々は、『孝経』鄭注の存在は知っていて、極めて珍しいものと考えていながら、その中身にはあまり興味を持っていなかった、と言うことができよう。

奝然から約八百年後の嘉慶六年(一八〇一)、『孝経』鄭注は再び日本から中国に渡ることとなった。この時伝えられたのは尾張藩儒の岡田《おかだ》宜生《よしなり》が編集して寛政六年(一七九四)に名古屋で刊行したもの。ただし、『孝経』鄭注そのものは、日本でも伝承・学習されていた形跡が無く、この版本は序章でも触れた『群書治要』という唐代の書物を主要な資料源としていた。

『群書治要』とは、玄武門の変(六二六年)で高祖李淵《りえん》の後継者の地位を得た太宗李世民《りせいみん》が、魏徴《ぎちょう》らに命じて編纂させた古典選集である。経典・史書・諸子合わせて六十八種の古典から、統治者の参考となる重要個所を抜き出して、全体として五十巻にまとめたもので、貞観《じょうがん》五年(六三一)に完成・献上された。しかし、宋代では流通・閲読された形跡がほとんど無く、明代以降はその書名すら忘れられたも同然であった。結構な分量でありながら、古典を抜き書きしただけで、内容によって再編集しているわけでもないから、それぞれの原典があれば『群書治要』には価値が無い、と思われたのだろう。

ところが、『群書治要』は日本では大変に重視されていた。平安前期、仁明・清和・醍醐天皇らが学んだ記録があるし、戦後、赤坂の九条家で焼け残った倉庫から発見された『群書治要』残巻は、色とりどりの斐紙《ひし》(雁皮紙《がんぴし》)を継ぎ合わせた巻物に金泥で罫線が引かれ、平安貴族の美意識を伝えると言われる優美なもので、『群書治要』がいかに重視されたかを如実に示す(図4)。この九条家本は、十三巻だけ遺されていたが(『孝経』の巻はない)、修復を経た巻は「e国宝」というウェブサイトでフルカラーで公開されている。一方、鎌倉の北条氏も『群書治要』を重視し、清原教隆《きよはらのりたか》から訓読を伝授されたという写本が金沢文庫に伝えられ、後に徳川家康の所有物となり、現在は宮内庁に所蔵されている(第五章扉)。五十巻のうち三巻だけ欠けているが、それ以外は序文も含めて全て現存している。こちらも、影印本がある他、「宮内庁書陵部収蔵漢籍集覧」というウェブサイトで全巻カラーで公開されている。

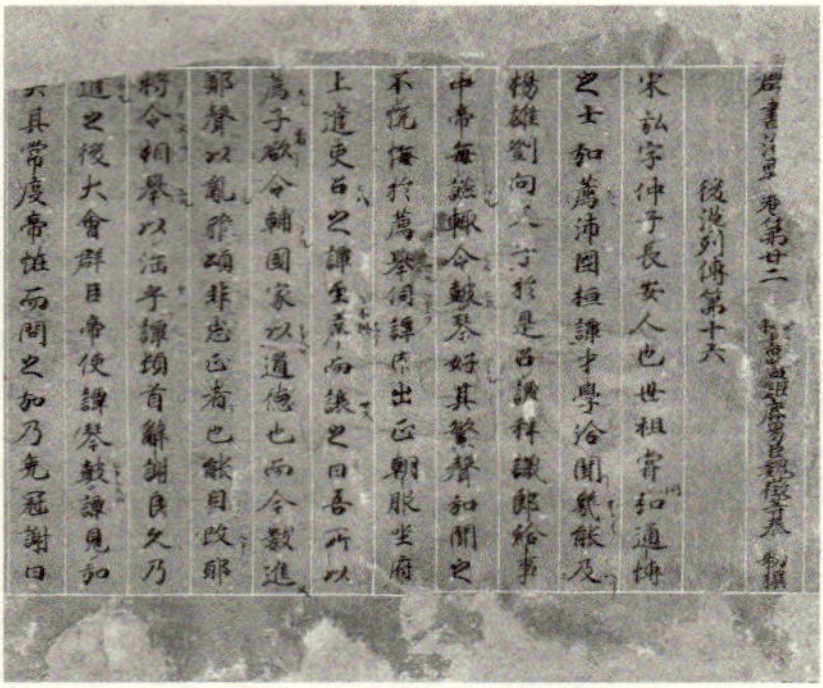

図4　九条家本『群書治要』

この金沢文庫旧蔵本『群書治要』には、『孝経』も収録されている(巻九)。『孝経』は短いこともあって、最後の「喪親章」が省略されている以外は、経文は全部収録されている。そして、簡単な注が付いているが、それこそが鄭玄の注であった。このことに気づいたのは、名古屋の学者たち。前述のように、徳川家康は金沢文庫伝来の『群書治要』を手に入れたが、やはりそれを貴重なものと認め、活字印刷を命じた。元和二年(一六一六)、家康の死後ようやく完成したこの駿河版『群書治要』は、ごく少数印刷されたのみで、活字は紀州徳川家に譲渡された。したがって、『群書治要』は引き続き、眼にすることが極めて難しい文献であり続けた。尾張徳川家はこの家康由来の活字印刷本を持っていたので、藩主の命で印刷計画が立てられ、十年の校定作業を経て、天明七年(一七八七)に木版印刷された。その後、清朝に伝えられて学者たちが利用し、近代に『四部叢刊《しぶそうかん》』という叢書にも収録され、数十年前まで広く活用されていたのは、全てこの天明版であった。

校定作業に関わった尾張藩の学者たちの間で、『群書治要』収録の『孝経』に付けられた注は鄭玄のものであることが確認され、寛政三年(一七九一)には河村益根《かわむらますね》が、寛政六年には前述のように岡田宜生が、それぞれ自ら校定整理した『孝経鄭注』を刊行している。後者が清朝に伝えられ、嘉慶六年(一八〇一)に『知不足斎叢書《ちふそくさいそうしょ》』の一種として出版されると、大きな反響を呼んだ。

『群書治要』から『孝経』鄭注を復原できたことは、実に画期的であったが、そこには大きな限界もあった。『群書治要』は抜き書きであり、簡明を旨としていたから、注にも大幅な省略が加えられていたのである。しかも、鄭玄独自の特殊な解釈は、その多くが省略されてしまっていた。このため、『群書治要』所載の『孝経』注が全て鄭玄による注だと認める立場の学者たちも、鄭注の全体像を理解することはできなかった。それが可能になったのは、近代に敦煌から唐代の『孝経』鄭注の残巻が複数発見されてからのことである。

第二章

『古文孝経』と孔安国伝の謎

――魏晋南北朝時代

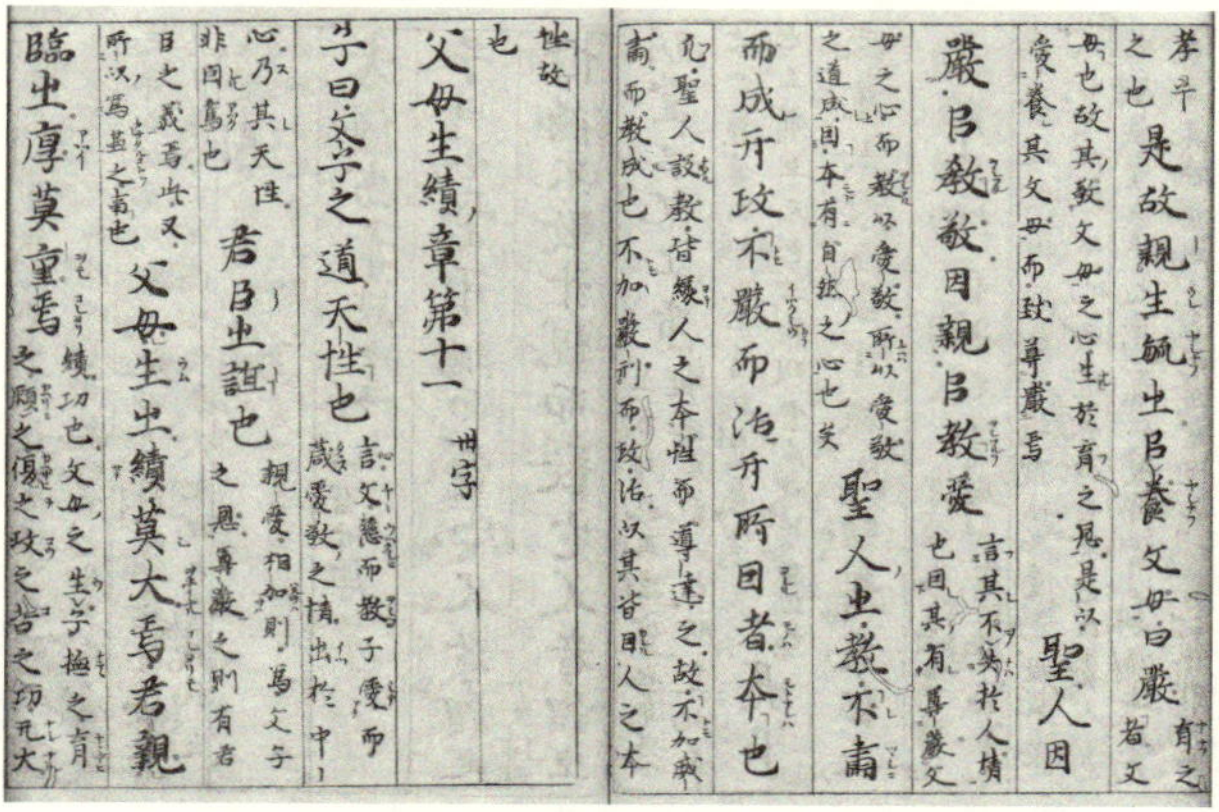
孝乎之也是故親生毓之以養父母曰嚴育之者文
母也故其敬父母之心生於育之恩是以愛養其父母而致尊嚴焉聖人因
嚴以教敬因親以教愛言其不失於人情也因其有尊嚴父
母之心而教以愛敬所以愛敬之道成因本有自然之心也矣聖人之教不肅
而成政不嚴而治所因者本也
元聖人設教皆緣人之本性而導達之故不加威肅而教成也不加嚴刑而政治以其皆因人之本
性故也
父母生績章第十一　卅字
子曰父子之道天性也言父慈而教子愛而箴愛敬之情出於中
心乃其天性非因篤也君臣之誼也親愛相加則篤父子之恩尊嚴之則有君
臣之義焉此又所以爲甚之當也父母生之續莫大焉君親
臨之厚莫重焉續功也父母之生子撫之育之顧之復之攻之皆之功孔大

阿部正精影刻『古文孝経』

反「鄭学」の台頭――漢代以後の儒学史の流れ

後漢末に鄭玄注が一世を風靡した直後に、魏の王粛《おうしゅく》(一九五～二五六)が現れた。王粛は、鄭注の多くの内容に反対で、単にそれを批判しただけでなく、自ら『易』『尚書』『詩経』『周礼』『儀礼』『礼記』『孝経』『論語』などの注を作り、鄭注に取って代わろうとした。それらの注は、後世全て散逸してしまったが、主要な主張の一部と断片的内容は、後世の著作に引用され少なからず遺っている。つまり、王粛の注およびその学説は、最終的には鄭注の地位を揺るがすには至らなかったものの、一定の影響力があった、と評価できる。

王粛は鄭玄の説に事ごとに異を唱えたが、それは実は、鄭玄と共通の枠組みで思考していた、ということでもある。基本的な思考法からして異なっている場合、意見の対立は、正面衝突にはならず、嚙み合わない混乱した議論になるのが普通だ。王粛の学術の全体像を把握するのは困難だが、王粛自身が言うように、鄭注が普及していた状況で、それを学んで成長した王粛は、鄭玄が諸経典を統一的に解釈できる理論体系を作った方法を熟知し、それを踏襲した。鄭玄の学問が流行して後、理論体系を持たない経典注釈では鄭玄を超える説得力を持つことは難しかった。結果的に、王粛は鄭玄とよく似た形の、ただし結論は異なる理論体系を作り上げた。

鄭・王両者の注の具体的差異を観察すると、王粛の説は、多く馬融などの鄭玄以前の学者の説と同じである場合が多い、と指摘されている。つまり、王粛は、むやみに鄭玄に反対していたわけではなく、それなりに根拠のある反対をしていた。それをどう評価するかは難しい問題だが、私の個人的印象としては、鄭玄の解釈があまりにも常識外れだったので、王粛は常識的な解釈を主張したものと思われる。一例だけ挙げれば、第一章でも紹介したように『孝経』巻頭の「開宗明義章」のはじめの孔子の言葉に「先王」という単語が出てくる。鄭玄はこれについて夏王朝を開いた禹《う》をはじめとする王者だとし、王粛はこれを周王朝を開いた文王のこととした。『孝経』は周王朝が存続していた春秋時代の孔子の言葉であり、「聖治章」に周の周公が父の文王を祭った話も出てくるので、『孝経』全体が周王朝を背景として書かれていると考えられるから、王粛の説の方が自然である。一方で、『孝経』に夏王朝や禹に直接関わる内容は含まれていないから、鄭玄の説は難解で、それは実は道徳の起源に関する『礼記』の言葉を根拠としていた。鄭玄には鄭玄の十分な理由があり、それは理解できるが、あまりにも不自然だ、という印象は否めない。鄭玄のそういう所に、王粛は不満だったに違いない。

王粛の注が読まれたのは南北朝時代で、唐代には既にほとんど読まれることはなくなり、鄭玄の注が古典的標準の位置を固めた。清代中期以降は、鄭玄に対する評価が非常に高くなり、その結果、鄭玄を批判した王粛には悪役の印象が固定してしまった。とりわけ、『孔子家語』

に手を加え、鄭玄説を否定するために都合のよい内容を潜り込ませていたことは、王粛が狡猾であるという印象を深め、その結果、『古文尚書』や『古文孝経』の孔安国伝も王粛が偽作したものではないか、といった疑惑も持たれた。しかし、そんな中でも、王粛の学説は往々にして、鄭玄の学説よりも正しい、という評価がされてきた。例えば、第一章で触れた孫詒譲『周礼正義』は、清代の考証儒学を集大成したものと言われるが、鄭注を主軸とする解釈書でありながら、具体的問題において、鄭玄説を取らずに王粛説を取っている場合が少なくない。王粛は品性下劣な学術詐欺師だが、娘が司馬昭《しばしょう》に嫁ぎ、その娘が生んだ孫司馬炎《しばえん》すなわち武帝が晋王朝を開いたことから、王粛の学説が重視されるようになったのだ、といった解釈もあるが、それでは、後代の孫詒譲が王粛説を多く採用したことを説明できない。

「経学」と「実学」の並立体制

漢代の経学について、今文・古文の対立が語られてきたように、魏晋南北朝期の経学は、鄭学派と王学派の対立・抗争の歴史として語られることが往々にしてあった。確かに、王粛の著作・学説が提起されたのに対して、鄭玄の学術を支持する立場から批判が加えられ、論争の形を成していたことが知られている。王粛と直接論争した馬昭《ばしょう》という学者の説が、後世の著作にもよく引用されており、王粛が『孔子家語』に手を加えたというのも馬昭の説だ。

しかし、晋から南北朝期にかけて鄭・王の対立と言われているのは、大半が具体的な礼制に関する議論であり、その多くは、唐代後期に杜佑《とゆう》が編纂した歴代制度の手引書『通典《つてん》』に収録されている。因みに、この『通典』は、現存唯一の北宋刊本が宮内庁書陵部に所蔵されており、字体が極めて美しい。影印本がある他、カラー画像もウェブサイトで公開されている。『通典』は編纂物であって一次資料ではないが、それより早い資料で現存するのは正史だけなので、基本資料と見なされている。『通典』で晋から南北朝の礼制関係の議論を見ると、非常にしばしば鄭玄の注が引用され、王粛の説への言及も少なくないが、議論をしていた人々が、鄭玄あるいは王粛の学説の信奉者だったわけではなく、まして鄭学派や王学派のようなものが存在したとは考えられない。

礼制は、祭祀や儀礼を含むが、必ずこうしなくてはならないという客観的根拠があるわけではなく、いずれも一種の文化的習慣だと言える。習慣である以上は、歴史的経緯や慣例が重要になる。まして国家儀礼となれば、担当の官僚組織に伝承された「しきたり」というものが、非常に大きな力を持つ。第一章で見たように、漢王朝の礼制は、当初、儒教経典と全く関係のないものであったが、前漢後半から徐々に経典に合う形に変更されてきた。魏晋南北朝期の礼制は、後漢の礼制を基礎として徐々に変化したものであった。

大まかな印象として、南朝の礼制は王粛の説に近く、北朝のそれは鄭玄の説に近い。清代中期以来の鄭玄尊崇の価値観に慣れていると、鄭玄の学問が正統で王肅は異端だから、漢族主体の南朝が王肅説を採り、非漢族主体の北朝が鄭玄説を採ったことは奇妙にも思われる。そこに、王肅は晋の皇帝の外祖父だったから南朝で王肅説が採用されたのだ、といった弁明も生まれた。しかしながら、前述したように、馬融など鄭玄以前の学者たちの説と多く一致していた王肅の注は、内容的にも現実的・常識的な解釈が多く、漢代の実際の礼制にもよく合致していた。それに対して鄭玄の注は、経典の文脈を強く意識した解釈を考え、諸経典の様々な記述を最大限に活かした理論体系を作ったから、その礼理論は現実離れしたものとなっていた。ということは、後漢以来の伝統的礼制を基礎に、現実的・常識的な制度を維持していこうとすれば、自然と王肅の説に近く、鄭玄の説から遠くならざるを得なかったと言える。非漢族中心の北朝が鄭玄説を採用したのは、文化的伝統から自由で、礼制は一から作ればよかったので、経典の注として権威ある鄭玄の説に合わせた制度設計が可能だった、ということであろう。

清代では、礼制に関する議論をしていたのは学者たちであった。彼らにとって、礼制の議論は経典解釈とほぼ同義だった。経典の解釈を通じて、儒教の理想とされる周代の礼制がどのようなものであったかを探究したのである。「周代の礼制」といっても、資料が十分にあるわけではないので、純粋に歴史的に調べることはできず、理想的な要素も多分に含まれる。しかしそれにしても、現実に実施されたはずの礼制であるから、現実的・常識的でなければならない。

それが、清代礼学の集大成である『周礼正義』に王粛の学説が多く採用された理由である。

鄭玄は、あくまでも経典そのものを研究し、経典の文字の意味を最大限に充実させる解釈を追求した。それは正に「経学」と言うに相応しい。その結果、鄭注には奇抜な解釈が多く、よほど丁寧に経文を観察しないと、鄭玄が何故そのような解釈をしたのか理解できない。鄭玄に言わせれば、聖なる経典は現実・常識を超越した緻密な論理を持っていて当然だ、ということだろう。しかし、鄭玄のこのような経典至上主義は、王粛をはじめとして後世ほとんど全ての学者たちに受け容れられなかった。経典には、聖人の教えや、周代の理想的制度が書かれているはずで、それは必ずや合理的で現実的なものであるはずだ。経文は、そうした内容を後世の我々に伝達してくれる媒介に過ぎず、経文の細部に拘《こだわ》って非現実的・非常識的解釈をしてしまうのは、本末転倒だ。そんなふうに考えられた。鄭玄の「経学」に対して、こちらは「実学」的関心と言ってもよい。鄭玄の学説を支持する学者であっても、多くの場合、関心の焦点は聖人の教えや周代の制度に在り、経文そのものの構造には十分な関心が払われることが無かった。鄭玄の注が圧倒的な権威を持つものとして普及したのは、それが考え抜かれた緻密な論理を具えていたからだが、それだけに鄭玄の考えは奥が深く、一般には十分な理解がなされることは無かったと言ってよい。

かくして、狭義の「経学」は、鄭玄一人のものであった。それ以降の学者たちは、鄭玄の注を起点にしつつも、「実学」的関心で儒教思想・礼制の理論的探究を進めて行ったのである。

孔安国による『古文尚書』『古文孝経』注釈——孔伝

王粛は『易』『尚書』『詩経』『周礼』『儀礼』『礼記』『孝経』『論語』の注を書いて鄭玄の注に取って代わろうとして結局それに失敗したが、王粛と同世代の何晏が代表者となって編集した『論語集解』は、たちまち鄭玄の『論語』注と肩を並べて普及するようになり、宋代以降は鄭注が散逸し、『論語集解』だけが生き残るに至った。『論語集解』は、多くの先人の注を組み合わせて引用して一家の言としたもので、その中には鄭玄の注も王粛の注も引用されているが、特に目を引くのが孔安国説の引用だ。

孔安国は前漢中期の学者で、孔子の子孫だという。『史記』には「孔家に『古文尚書』が収蔵されていて、孔安国はそれを今文で読んだ」という記述があるが、第一章で取り上げた劉歆「移書譲太常博士」では、魯の共王が孔子の故居を破壊して自分の宮殿を拡張した際に『古文尚書』も見つかり、それが孔安国の読んだものだとされるに至っている。しかし、『漢書』「藝文志」には孔安国が書いた経典の注釈は著録されていないし、漢代の人物が孔安国の注釈を読んだという記録も見られない。だから、魏の時代の『論語集解』に孔安国説が引用されていることは、いかにも唐突の感を免れない。二十世紀になって、敦煌から『論語』鄭注が発見されると、『論語集解』に引用された孔安国説のかなりの部分が、実は鄭注と同じであることが指摘された。前漢の孔安国の説が後漢にも伝承されていて、鄭玄がそれを取り入れたという可能性を完全に否定するのは無理だとしても、『論語集解』が当時標準的注釈として広く普及していた鄭注に取って代わることを狙っていたことを思えば、何晏らが鄭注を参考に孔安国説をでっち上げたと考えるのが自然だろう。

しかし、『論語集解』に孔安国が出現したのは、孤立した事件ではなかった。王粛が手を加えたと言われる『孔子家語』も、もともとは孔安国が編纂したものとされており、王粛は孔子の二十二代目の子孫である孔猛《こうもう》の所からこの本を手に入れたという。『孔子家語』は『漢書』「藝文志」に二十七巻として著録されているのを除けば、『漢書』にも『後漢書』にも全く出てきておらず、後漢ではほとんど伝承が絶えていたように思われる。それが、魏の時代に忽然と姿を現し、王粛によって鄭玄の説を否定する根拠として利用された。真相は闇の中だが、少なくとも確認できることは、魏の人々にとって、前漢の孔安国は「古文」の最初の伝承者にして、しかも孔子の子孫であり、古文の権威を保証してくれる存在であった、ということだ。

その後、晋代には「孔安国伝」が付いた『古文尚書』と『古文孝経』が再発見されている。鄭玄注が一世を風靡した後に再発見されたこの孔伝は、自然、鄭注とは正反対の学術的性格を帯びていた。それは、「古文」という言葉から容易に連想されるように、質朴なもので、言葉を換えて言えば、合理的で簡単明快なものであった。注を「伝」と呼ぶのは、前漢時代の経典解釈書は経典とは別に編集され、経典本文の間に注入されることはなかったからである。ただし、『古文尚書』『古文孝経』の孔伝を前漢の作だと考える学者は、現在ではほとんど居ないはずである。私個人は、鄭注の複雑さに不満を持つ人々が、合理的で簡単明快な注を新たに作った時、孔安国の名前を看板として使うのが一番便利だったのだろうと思う。魏晋期における『論語』『古文尚書』『古文孝経』の孔伝と『孔子家語』の出現を、全て反鄭玄の動きと捉えるのでは単純化が過ぎるだろうが、「鄭玄注に対する不満」を背景として出現したもの、と見ておくのは妥当だろう。

魏晋南北朝期の朝廷と『孝経』

『漢書』「藝文志」と桓譚『新論』と『説文解字』を献上した許沖の奏上文に見えていた『古文孝経』が、再び記録に見えるようになるのは、いつのことだろうか？　日本で伝承されていた隋の劉炫《りゅうげん》『孝経述議』という書物（詳しくは後述）に、おおよそ次のような説明がある。「三国時代、魏や蜀では『古文孝経』を見たという記録が見られないが、呉の鬱林《うつりん》太守の陸績《りくせき》が書いた『周易述』は『孝経』の言葉として「閨門の内に礼は具われり」という言葉を引用しており、これは『古文孝経』にしか無い「閨門章」の文句である。東晋では穆帝の永和十一年（三五五）

と孝武帝の太元元年（三七六）の二度、朝廷で『孝経』に関する議論が行われ、荀昶《じゅんちょう》（字は茂祖《もそ》）が諸家の説を編集して本にしたが、その中ではじめに名前が挙げられたのが孔安国で、その説も五十カ所以上引用されている。梁の武帝蕭衍《しょうえん》の『孝経講義』には、『古文孝経』の文字が今文と異なる個所がいくつも引用されているが、その文字は最近（隋代に）再発見された『古文孝経』とは一致しないので、梁の武帝が見た『古文孝経』は偽作されたものであろう」。

一方、『三国志』の中に、皇帝あるいは皇太子が『孝経』を学んだという記録は見えない。唯一関連する逸話としては、呉の孫権《そんけん》が近臣の厳畯《げんしゅん》に「子供の頃に暗唱した文句を何か唱えてみよ」と言ったところ、『孝経』の巻頭の文句「仲尼居」を唱え、それを聞いた重臣張昭《ちょうしょう》は「まるで教養が無い奴です、私が唱えてみせましょう」と言って「君子之事上」と唱えたという。こちらは同じ『孝経』でも、君主に仕える者の心構えを説く「事君章」の言葉だ。似たような逸話が『北史』にあり、西魏の文帝が、西魏を傀儡王朝として作った実権者宇文泰《うぶんたい》（後に北周の文帝と呼ばれる）と共に、群臣たちと開いた宴席上、群臣たちに「『孝経』には人の行いの基本が書いてあるから、その中の大事な言葉を挙げてみよ」と言ったところ、長孫澄《ちょうそんちょう》はすかさず「卿大夫章」の「夙夜匪懈、以事一人」（朝から晩まで弛むことなくお上にお仕えする）という文句を挙げたが、もう一人の気の利かない者が「事君章」の「匡救其悪」（君主の失敗を矯正する）という一句を挙げたという。孫権の例も文帝の例も、咄嗟の反応として君主を喜ばせる発言ができるかどうかが問われる場面で、「仲尼居」では全く芸が無く、君主の失敗の話をするに至っては興ざめである。どちらの例においても、『孝経』は誰もが知る当然の基礎知識となっていることが分かるが、内容の解釈などは全く問題にされていない。

現在の『晋書』に記録されている範囲で言えば、晋の武帝の泰始七年(二七一)に皇太子が『孝経』を講じ、恵帝の元康元年(二九一)には潘尼《はんじ》が皇太子に『孝経』を講じ、東晋の永和十二年(三五六)と翌年の升平元年には穆帝が、寧康三年(三七五)には孝武帝が、それぞれ『孝経』を講じた、とある。右に引用した『孝経述議』が永和十一年と太元元年に『孝経』が議論されたというのと、それぞれ一年ずれていて、どちらかの記載が誤りなのか、それとも講義と議論の整理編集が年を跨いでいたのか、詳細は不明だが、皇帝・皇太子を中心として『孝経』に関する議論が行われた、ということは、前漢後期の皇帝について、単に識字能力の保証として『孝経』を学んだと言われていた状況に較べて、『孝経』が格段に重視されるようになったと言わねばならない。

唐の玄宗の時代に、劉知幾《りゅうちき》が『孝経』鄭注は鄭玄の作ではない、と主張して、論拠を十二点列挙しているが、その中の一つに、「王粛の『孝経伝』は、巻首に司馬懿《しばい》の奏議の言葉があり、諸儒の『孝経』注釈の中では王粛のものが優れている、と言っていて、鄭玄には言及していない。もし当時鄭注が存在したのなら、必ず言及されているはずであろう」という指摘がある。

劉知幾は、鄭注を批判し、孔伝を朝廷の標準注釈として採用することを主張していたのだが、ここで司馬懿が鄭玄に言及しないことを指摘しながら、孔安国への言及があるとも言っていない。逆に考えれば、王粛や司馬懿は孔伝の存在を知らなかった、という推測も成り立つ。以上をふまえると、孔伝はおそらく晋代に、そして、遅くとも太元元年(三七六)までには出現していた、ということになろう。

貴族たちの祈り

南北朝期には、『孝経』が呪術的な使い方をされた例が多く知られる。その先駆として、後漢末、黄巾《こうきん》の乱に際して向栩《しょうく》という人物が、「賊軍に向かって『孝経』を朗誦すれば、賊軍は自然と退散する」と言ったことが挙げられる。これは、『後漢書』「独行伝」の記事だが、原文の表現に少し分かりにくい所があって、往々にして誤解あるいは曲解されている。当時、黄巾勢が猛威をふるっていたが、皇帝の周囲を固める宦官たちは、黄巾勢力と裏で通じている者もおり、朝廷の軍隊を繰り出して鎮圧することには消極的だった。向栩は、実権を握る宦官たちのこのような態度に不満で、「この際、将校を一人黄河の川岸まで行かせて、対岸の敵に向かって『孝経』でも唱えさせたら如何でしょうか？　きっと敵は皆退散することでしょう」と皮肉を言ったのである。宦官側はこの発言を逆に利用し、向栩は黄巾と内通して亡国的非戦論を主張している、と無実の罪を着せ、向栩は獄死してしまった。

向栩の発言は、軍隊を出さなくても何とかなるという非戦論者に向かって放った嫌みだから、それで敵が本当に退散する、などという可能性は、誰も考えていない。しかし、何故ここで『孝経』が出てくるのかは考えておく価値がある。『孝経』が親孝行を説くものであるなら、この場面の小道具としては場違いと言わざるを得ないからだ。実は『孝経』には、上には従順に、下には謙虚に、伝統文化を尊重し、といった心がけによって天下泰平が実現する、という理想が書かれている。だから、非現実的ながら、叛乱勢を退散させる小道具として持ち出されている。たとえて言えば、平和国家の理想を謳う『日本国憲法』の「前文」と似たような性質が、『孝経』にはあったということだ。

晋の武帝の太康三年(二八二)に亡くなった文人皇甫謐《こうほひつ》は、生前に埋葬方法を自ら指定していた。人間死ねば土に返るのだから、棺桶など無い方が良い。墳墓を作ったり、木を植えたりするのは、盗掘してくれと言っているようなもので、愚かである。人の寄り付かない不毛の地に深く穴を掘って、そのまま埋めてくれ。「孝道」を忘れないという意味で『孝経』だけ一緒に埋めてもらおう、それ以外の副葬品は全て不要だ。埋めた後は土を平らにならして、誰にも分からないようにしてくれ。だいたいそのような主旨だ。立派な棺桶と豊富な副葬品を埋めて、大きな墳墓を作るのが親孝行とされる文化の中で、皇甫謐の合理的な考え方は鮮烈だ。薄葬の主張は古くからあり、『呂氏春秋』が既に、立派な墳墓を作れば盗掘が不可避であることを指摘しているし、前漢の文帝や魏の文帝も同様の主張をしていた。ただ、皇甫謐は棺桶まで不要だとした点で、徹底している。

皇甫謐が唯一の副葬品として指定した『孝経』も、その「喪親章」では二重の棺桶を作り、遺体は着物と布団で包んで棺桶に入れる、と言っているぐらいで、棺桶無しというのは一般人の感情を超越した態度と言わねばならない。ここまで合理的な主張の中で、『孝経』を一緒に埋めてくれ、という要求は、呪術的・宗教的な意図に出るものとは思われない。皇甫謐自身の言い方では、「「孝道」を忘れない」ということだが、死んでも親孝行するということだろうか？　もちろん、色々な解釈が可能だとは思うが、私は、『孝経』が象徴するのは「人の道」であり、直接土に埋められるとしても、自分は犬畜生ではなく、文化・社会の中で生きる人間であった、という証しとして『孝経』を一緒に埋めて欲しいと考えたのではないかと思う。

『孝経』「聖治章」に「人の行いの中で、「孝」より重大なものは無い」とあるが、「広揚名章」には「自分の家庭の秩序を維持できる、その能力は官僚組織にも応用できる。だから、その社会的能力は家庭の中で既に完成されており、その名声は後世に確立されることになる」ということも書かれている。「名声は後世に確立される」とは、単に名誉欲を満足させるということではなく、社会的に高い評価を得る、ということだ。特に「後世」と言うのは、政治や文化は時代によって変わるので、悪い時代に生まれれば、どんなに立派な行いをしても評価されない可能性があるが、長い歴史を経れば、真っ当な評価が得られるはずだ、ということだ。良い行いをして、社会的に認められること、それは、全知全能の神を想定しない社会における人間の在り方の本質のように思われる。

その後、南斉の建武四年(四九七)に亡くなった張融《ちょうゆう》は、埋葬時には左手に『孝経』と『老子』を、右手には『小品般若経《しょうぼんはんにゃきょう》』と『法華経』を握らせるように、と遺言し、梁の天監二年(五〇三)に亡くなった沈麟士《しんりんし》は、棺桶の中には最小限の物だけとし、皇甫謐に倣って『孝経』を入れるように、と遺言した。北魏の延昌二年(五一三)に亡くなった馮亮《ふうりょう》は、南朝から北朝に移った人物で、仏教を深く学んでいたので、死んだ後は遺体を石の上に置き、左手には笏《しゃく》を、右手には『孝経』を握らせ、後に火葬するように、と遺言した。沈麟士は皇甫謐を踏襲した薄葬、馮亮は葬送は仏式だが人格の主体は儒家的、張融は儒・仏・道の三本立て、と言えようか。

面白いのは、これら三人より少しだけ遅れて、実際に『孝経』を副葬品とした例が、西の辺境のトルファンから発掘されていることだ。「衣物疏《いぶつそ》」と呼ばれる副葬品を列挙した文書が多数発見されているが、その中で、建昌四年(五五八)・延昌三十七年(五九七)・重光元年(六二〇)・重光二年・顕慶元年(六五六)の衣物疏に、いずれも「『孝経』一巻」と記されている。建昌四年の墓は盗掘されていなかったらしく、『孝経』の写本も出土しており(図5)、副葬品の

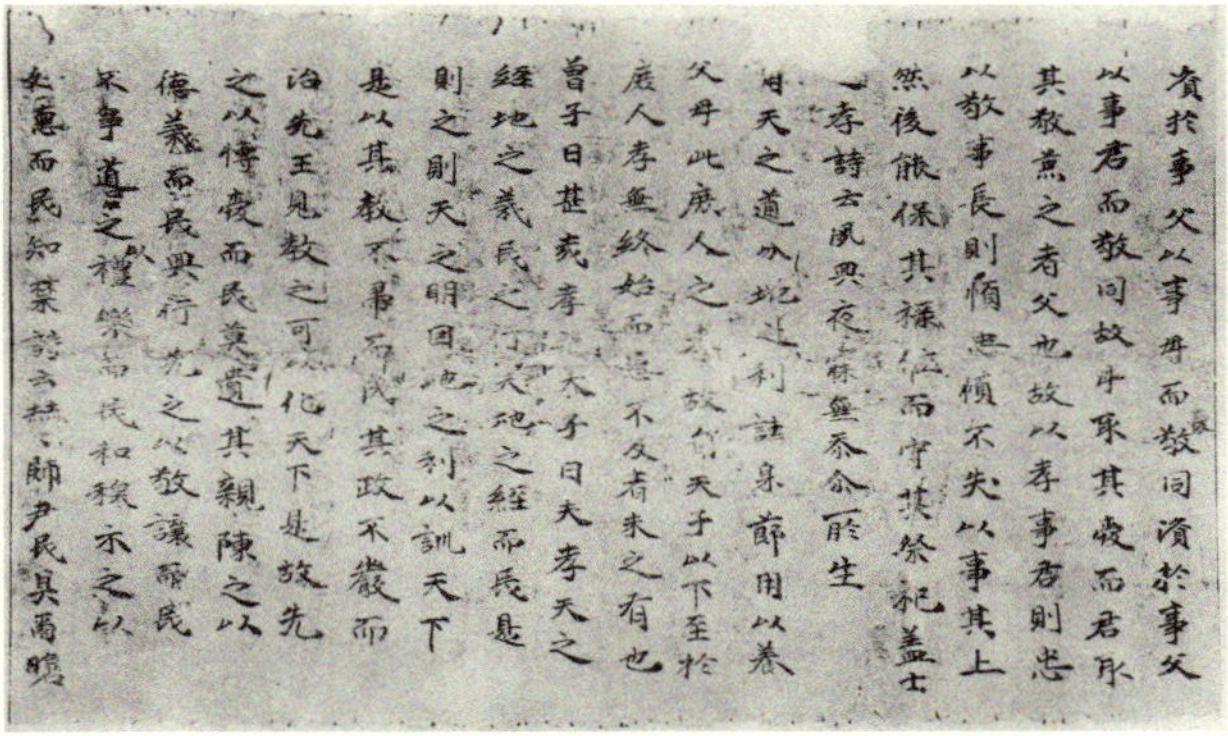
資於事父以事母而敬同資於事父
以事君而敬同故母取其愛而君取
其敬兼之者父也故以孝事君則忠
以敬事長則順忠順不失以事其上
然後能保其祿位而守其祭祀蓋士
之孝詩云夙興夜寐無忝爾所生
用天之道分地之利謹身節用以養
父母此庶人之孝故自天子以下至於
庶人孝無終始而患不及者未之有也
曾子曰甚哉孝之大子曰夫孝天之
經地之義民之行天地之經而民是
則之則天之明因地之利以訓天下
是以其教不肅而成其政不嚴而
治先王見教之可以化天下是故先
之以博愛而民莫遺其親陳之以
德義而民興行先之以敬讓而民
不爭導之禮樂而民和睦示之以
好惡而民知禁詩云赫赫師尹民具爾瞻

図5　トルファン出土『孝経』残巻

実物ということになる。これらの墓に埋葬された人物は、それなりに高い社会的地位を持っていたようだが、『南史』『北史』に伝記が載るほどの文化人ではないし、それが一人二人ではなく、時間の幅が一世紀にも及んでいるので、『孝経』を副葬品とすることが一種の風習となっていた、と言えるのかもしれない。

『孝経』を呪術的に使った最も顕著な例は、『論語義疏』の著者として知られる梁の皇侃《おうがん》である。彼は『観音経』を誦するように『孝経』を毎日二十回誦した、という。『観音経』は『法華経』の一篇で、観音様の名を呼べば奇跡が起きる、大罪人が斬首される時に観音様の名を呼べば処刑用の刀が折れてしまう、といった不思議が説かれているので、『観音経』を何度も唱えて奇跡が起きたといった話は、南北朝時代に多く伝えられている。皇侃は、それを

『孝経』に置き換えた。他に、『玉台新詠』の編者としても有名な徐陵が重い病にかかった時、息子の徐份《じょひん》は香を焚き、泣きながら『孝経』を三日三晩唱え続け、徐陵の病が癒えた、という話もある。仏教の『観音経』に相当するのが、儒教では『孝経』だった、ということになるだろう。

このような特殊な使われ方をする場合に、何故『孝経』が選ばれたのだろうか？　まず第一に、副葬品とするにしても、念仏のように唱えるにしても、ちょうどよい長さだった、と言うことができる。『孝経』以外の儒教経典を副葬品とするのであれば、例えば『尚書』の第一篇「堯典」だけ、といった形にせざるを得ないが、『孝経』は短い一巻で首尾完結している。しかし、肝心なのは内容だろう。『孝経』は短いとはいえ、かなり豊富な内容を含むもので、どのような側面が重要かという判断は人によって変わらざるを得ないが、私は、前述したように、『孝経』が儒教的な「人の道」の全体像を提示している点が重要かと思う。さらに注意すべきなのは、『孝経』が一種の未来予想図たり得ているということ。『孝経』は我々に、人としてどのように生きるべきかを示し、その結果として天下泰平が実現する、という明るい未来を描いて見せてくれている。古代聖王を理想とし、昔話が中心となる儒教経典の中で、『孝経』の「明るい未来」は異彩を放っている。それが、『孝経』が「祈り」と親和性が高い理由の一つであろう。

孔伝の再出現

前に引いた隋の劉炫『孝経述議』の説明では、東晋の荀昶が編集した『孝経』解釈書に孔安国の説が引用され、梁の武帝の『孝経』解釈書には『古文孝経』の異文が記録されていた。東晋と梁の間の南斉の永明元年(四八三)に国子博士に任ぜられた陸澄《りくちょう》は、王倹《おうけん》に手紙を書いて、①『易』の王弼《おうひつ》注は優れているが、鄭玄注も重要なので廃すべきではない。②『春秋』は『左氏伝』の杜預《どよ》の注が圧倒的に優れているので、『穀梁伝』の麋信《びしん》の注に加えて范甯《はんねい》の注という二つの注を学官に立てているのは一つ削るべきだ。③『孝経』は鄭玄の注とされるものが流通しているが、鄭玄の他の経典の注と言葉遣いが異なり、鄭玄が自分の著作を列挙した中にも挙げられておらず、そもそも子供が識字教育で学ぶものだから、経典として学官に立てるべきではない。――という三点を主張した。

王倹は、①②には同意したが、③については、これまで鄭玄の注が偽物であるという疑問を呈した学者は居なかったし、『孝経』は人の行いの中でも最も重要な内容を示すものであり、倫理に関して最優先されるべきものだから、『漢書』「藝文志」などでも経書として扱われ、単なる識字教材とはされていないのであり、これまでどおり国子学で教授・学習されるべきだ、とした。王倹は宋の元徽元年(四七三)に自ら編集した『七志《しちし》』という図書目録を献上しているが、『七志』は『孝経』を全ての図書の最初に置いた、と言われており、王倹が早くから『孝経』の経典としての価値を重視していたことが明らか。陸澄も王倹も博識で知られるが、王倹が南斉皇帝の顧問のような立場で活躍していたのに対し、年上の陸澄は篤実な博学者に過ぎなかった。皇帝に『孝経』の暗唱を求められた陸澄が「仲尼居」から始め、これを学者馬鹿と評した王倹が「君子之事上」を唱えて皇帝に喜ばれた、という逸話(『南史』「王倹伝」)は、既に紹介した孫権の重臣張昭の故事をそのままなぞっている。王倹は学識も十分あり、皇帝の信頼も厚かったので、学問において陸澄と張り合う必要も無かったから、陸澄が知識豊富であることは十分認めており、陸澄は「書厨」だね、と評した。生きた書庫で、情報を抱え込むだけで活用する能力が無いという皮肉である。

ここで注目すべきは、物知りの学者馬鹿である陸澄がはじめて『孝経』鄭注が鄭玄の著作ではない可能性を提起したことと、その彼が孔伝には言及していないことだ。陸澄の主張は『孝経』を国子学の科目から外すことだったので、孔伝を顕彰する必要は無かったわけだが、それでも鄭注は問題があると言って、孔伝の問題を言わないのは、当時孔伝がほとんど流通していなかったからであろう。結局、この件は王倹が『孝経』の重要性を強調し、鄭注も問題とするに足りない、と断じたことで終了した。張融が死後に『孝経』『老子』『小品般若経』『法華経』を手に持つことを願って亡くなったのは、この議論から十数年後である。

梁の武帝は『古文孝経』を見ていたはずだが、その注釈である孔伝も見ていたかどうかは定かではない。その『古文孝経』も、梁末の戦乱で散逸した、とされている。既に紹介した『漢書』「藝文志」と並ぶ重要な古典籍目録である『隋書』「経籍志《けいせきし》」は、梁代には孔伝と鄭注の両者が学官に立てられたとするが、他に関連する情報は見られず、詳細は不明。そして、隋の開皇十四年(五九四)、「書学博士王孝逸《おうこういつ》」が都(大興《たいこう》、今の西安)で、陳の人から、孔安国の序と伝の付いた『古文孝経』を買い取り、それを王劭《おうしょう》に見せ、王劭がさらに劉炫に見せた。劉炫がそれに詳しい分析を加え、『孝経述議』という名の解説書を書いたことで、この『古文孝経』孔安国伝の学術的価値が高く評価されることとなり、一定の範囲で流通することとなった。

陳の人から手に入れた、と言われるのは、開皇九年に隋が陳を滅ぼして、南北統一を果たしたことを背景としている。北朝と南朝の間には交流が絶えなかったとはいえ、二百年以上南北で異なる文化が伝承されてきた結果、同じ古典文献でも南北でテキストが異なる場合が多くなっていた。隋唐は北朝の伝統を継ぐ王朝だが、唐の初めに経典の文字の統一が図られた際には、「六朝旧本」を主とする、とされた。つまり、南朝伝来の写本が、北朝のものより優れていた、ということである。それまで存在しないと思われていた『古文孝経』孔安国伝が再び世に現れる時、それは南朝からもたらされた、と言えば、隋の朝廷周辺の人々に受け容れられ易かったであろう。

隋の文帝と蘇威

隋の文帝すなわち楊堅《ようけん》は、北周で実権を握り、禅譲を受ける形で隋王朝を開いたが、多くの政敵を殺して権力を維持したこともあり、最高権力者でありながら、常に叛逆・殺害されることを恐れ、政務に励む一方、質素な生活を維持した。文帝には、高熲《こうけい》と蘇威《そい》という二人の腹心の大臣が居た。高熲は法家的な富国強兵策を進め、杜佑『通典』は彼を春秋戦国時代の管仲《かんちゅう》や商鞅《しょうおう》などと並ぶ大政治家と評価した。蘇威は儒家的な思想を持ち、文帝から「蘇威は私に取り立てられなければ、その思想を活かすことができなかっただろうが、私も蘇威が居なかったなら、政治を思うように進められなかっただろう」(『隋書』「蘇威伝」)と言われている。この二人の協力で、文帝の統治は安定したが、さらに新王朝に相応しい法制を定めるに当たっては、特に蘇威に頼る所が多かったと言われる。

ある時、蘇威が文帝に次のように語った。「私の父蘇綽《そしゃく》は、『孝経』だけしっかり読んでいればよい、それで立派な人間になって政治を行うこともできる、それ以外の勉強は不要だ、とよく私に言っておりました」。文帝はその言葉に賛意を表した。ところが、この美談を偽善的だと指摘した人物が居た。何妥《かだ》は、「蘇威は『孝経』以外の本も読んでいる。蘇威の言う蘇綽の言葉が本当だとすれば、蘇威は父親の言うことを聞かなかったことになる。蘇威の言う蘇綽の言葉が嘘だとすれば、蘇威は陛下を裏切ったことになる」と論じた（『隋書』「儒林伝」）。

またある時、蘇威の息子蘇夔《そき》と何妥との間で、音楽制度に関して意見が衝突することがあったが、朝廷の大臣・官僚たちは蘇威の権力を怖れて大部分が蘇夔の意見を支持した。何妥は、四十年以上も学者をやっている私ではなく、こんな青二才の意見が通ってしまうのか、と憤慨し、蘇威の不正を皇帝に訴えた。その主旨は、蘇威が朝廷内の有力者と同盟関係を結んで自分の勢力を固め、同時に縁故人事を行っているというものだが、縁故人事の一例として、国子学が王孝逸という人物に書学博士の職位を与えたことが挙げられている。同姓同名の別人が同時期に同じ「書学博士」という肩書を持っていたとは考えられないから、この王孝逸は、『古文孝経』孔安国伝を「再発見」した先述の王孝逸と同一人物に違いない。そうだとすると、『古文孝経』孔安国伝は、隋の文帝に『孝経』の突出した重要性を説いた重臣蘇威の縁故者によって再発見されたということになる。偽作や改編の疑念が生じるのも不思議ではない。

絶好の資料——劉炫『孝経述議』

新発見の『古文孝経』孔安国伝を王孝逸から見せられた王劭と、王劭から見せられた劉炫は、南朝の伝統学術を批判的に見て、合理主義的な新たな学風を樹立した傑出した学者たちであった。とりわけ劉炫は、その『詩経』『尚書』『春秋』の解釈書が、唐初に勅命で編纂された『五経正義』の基礎となり、その後の経典研究に深い影響を与えている。晋代以来二百数十年の間に南北それぞれに発展してきた「学問の為の学問」を批判し、その具体的学説について、逐一反証を列挙してその非合理性を明らかにした手法は、あきれるほど明快であった。そんな彼は、『尚書』については鄭注ではなく後世偽作と判断されている孔伝を好み、『春秋』については漢代の服虔《ふくけん》の注ではなく杜預の注を好んだ。王劭もまた、漢代の「学問の為の学問」に対して新しい合理的学風を樹立した魏の王粛、晋の杜預を高く評価し、隋代の保守的な学者たちが漢代の鄭玄や服虔の旧説に固執し、実際には何も分かっていないくせに、「孔子が編集した経典に間違いがあっても、鄭玄や服虔の注には間違いは無い」と言わんばかりの頑迷な態度を採っていることを批判した。つまり、王劭も劉炫も、鄭玄の注には一定の不満を持ち、魏晋に出現した王粛・杜預の注、『孔子家語』や『論語』『古文尚書』の孔伝を好んでいたのであり、新たに出現した『古文孝経』孔安国伝の流伝に彼らが大きな役割を果たしたことは、決して偶然ではない。

劉炫は、『古文孝経』孔安国伝に詳細な研究を加え、『孝経述議』を書くと同時に、『古文孝経』孔安国伝の文字に疑問がある個所について検討を加えた『孝経稽疑《けいぎ》』と、鄭注は偽作だとする立場からその問題点を指摘した『孝経去惑《きょわく》』を書いて附録とした。しかし、「再発見」された『古文孝経』孔安国伝は、当初から偽作ではないかという疑問を持たれ、内容的にも洗練されたものとは言い難かったから、広く普及していた鄭注に取って代わるには至らなかった。したがって、唐初の『群書治要』が採録した『孝経』も鄭注だったし、唐の玄宗が新たな注を作って全国に普及させた後は、『古文孝経』孔安国伝はほとんど読まれることが無くなり、その解説書である『孝経述議』も跡形もなく散逸してしまった。

ところが、『孝経述議』は『古文孝経』孔安国伝と共に日本に伝えられており、特に『古文孝経』を代々伝承した清原家の人々によって、室町時代まで読まれ続けた。近世に『孝経述議』が読まれた形跡は窺われないが、一九三五年から林秀一が『孝経』関係諸写本に断片的に記録されていた逸文を蒐集し始め、一九四四年には不完全ながら『孝経述議』の室町写本も発見され、一九五三年に『孝経述議復原に関する研究』が出版されるに及んで、『孝経述議』はその大部分の内容が復原されるに至った。

南北朝から隋までの儒教経典解釈書は、義疏と呼ばれるタイプのものが主流だったが、現在でもその大部分を見ることができるのは、皇侃『論語義疏』と劉炫『孝経述議』だけで、両者とも中国では散逸し、日本にだけ遺されていたものだ。とりわけ『孝経述議』は、南北朝の伝統経学の議論と、それを批判した劉炫の議論の両者を具体的に観察できる点で、学術史の最も興味深い資料となっているだけでなく、『古文孝経』と孔伝に関しても決定的に重要な様々な情報を提供してくれている。何より重要なのは、『孝経述議』と突き合わせることによって、日本にのみ伝承された孔伝が、基本的に劉炫が見た本文と一致していることが確認できる点だ。『孝経述議』が無ければ、日本伝来の孔伝は、出処不明の謎の文献であり続けただろう。同時に、『孝経述議』には、劉炫が孔伝本文に疑問を持っている個所も見られ、再発見された孔伝が偽作であるにしても、その偽作者が劉炫ではないことも確認できる。

日本で流行する孔伝

隋代に再発見されたこの『古文孝経』孔安国伝こそが、日本に伝えられ、平安・鎌倉から江戸時代まで『孝経』の基本注釈として読み継がれた。序章で紹介したように、『養老令』には『孝経』に関して鄭玄の注と孔安国の注が並列されていたが、鄭注が読まれた形跡は無く、孔伝が普及していた。しかし、貞観二年(八六〇)の清和天皇の勅命は、開元十年(七二二)に唐玄宗が鄭注・孔伝ともに問題ありとして新たに注を作り、それが「御注」として広く普及させられたことを述べ、日本においても今後はこの御注を学習の標準注釈とするべきこと、とはいえ、古来伝承されてきた孔伝を学ぶのも排除しないことを規定した。その結果、少なくとも宮中においては玄宗注が標準注釈として広く使われるようになり、孔伝は傍流という扱いを受けた。

平安時代の漢学の中心は世襲の博士家で、それぞれの家に独自の解釈が代々伝承された。史

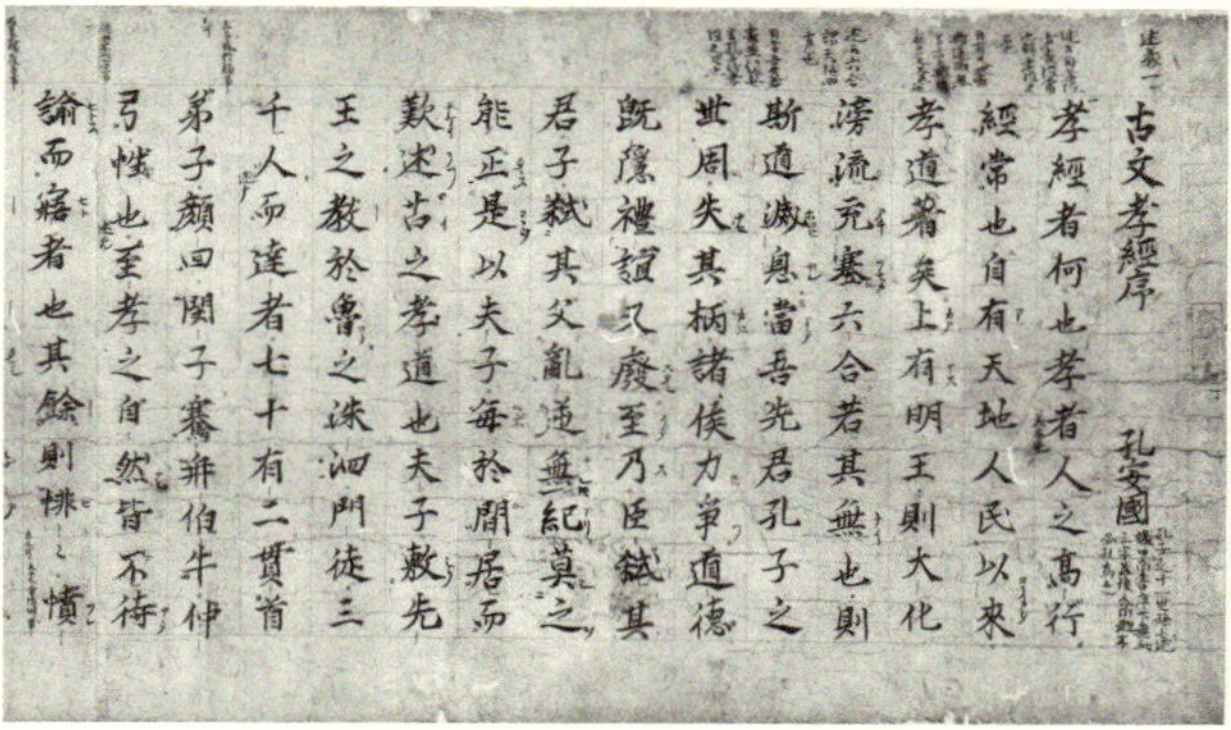
古文孝經序　孔安國
孝經者何也孝者人之高行
經常也自有天地人民以來
孝道著矣上有明王則大化
滂流充塞六合若其無也則
斯道滅息當吾先君孔子之
世周失其柄諸侯力爭道德
既隱禮誼又廢至乃臣弑其
君子弑其父亂逆無紀莫之
能正是以夫子每於閒居而
歎述古之孝道也夫子敷先
王之教於魯之洙泗門徒三
千人而達者七十有二貫首
弟子顔回閔子騫冉伯牛仲
弓性也至孝之自然皆不待
諭而寤者也其餘則悱悱憤

図６　清家文庫本『古文孝経』

学・文学を専門とする紀伝道《きでんどう》（藤原・大江・菅原家）が重視され、経典を専門とする明経道《みょうぎょうどう》（中原・清原家）は低調であったが、平安末期に藤原頼長《ふじわらのよりなが》らが経学を重視したことから、明経道が勢力を強め、鎌倉では清原家が圧倒的影響力を持った。『孝経』について言えば、紀伝道は玄宗注を伝え、明経道は孔伝を伝えた。したがって、平安時代の写本で現存するものがほとんど無い現状で、鎌倉・室町時代の『孝経』写本は基本的に全て『古文孝経』孔安国伝となっている。

現存する『古文孝経』日本古写本については、阿部隆一によって網羅的調査がなされている。有名なものを挙げれば、①猿投《さなげ》神社本、②三千院本、③清《せい》家《け》文庫本（図6）、④「仁治」本、⑤呉三郎本などで、①は建久六年（一一九五）、②は建治三年（一二七七）の写本で最も古く、「隷古文」と呼ばれる字体が多く使われている。③④⑤は、鎌倉に下った清原教隆《きよはらのりたか》が、清原家伝来の写本中の隷古文を通用の漢字に統一し、各種の訓読を整理したものが、転写されたもので、現在の『古文孝経』孔安国伝の研究においては基本資料とされている。

これらの写本のうち、②④は古くから影印本があり、③⑤は近年それぞれ京都大学図書館・宮内庁書陵部収蔵漢籍集覧のウェブサイトで画像が公開されている。林秀一は④の影印本に解題を書いて最善本としたが、阿部隆一は③を底本として各種写本の訓読を整理した。林秀一の当時③はまだその存在が知られず、④が清原教隆の自筆写本であると信じられていた。その後④は清原教隆写本の転写本であると判断され、新たに公開された③が同様に清原教隆写本の転写本でありながら、伝承過程が④より確かだったのでより良いと見なされた。しかし、内容的にはほとんど変わらない。ウェブ上で③の画像を見て、これもウェブ上(慶應大学の機関レポジトリKOARA)で無料公開されている阿部の『古文孝経旧鈔本の研究(資料篇)』を参照すれば、諸写本間の文字の異同、訓読の差異を簡単に確認することができる。⑤の筆写者呉三郎は、南宋滅亡の混乱期に日本に渡ってきた難民文化人の一人であったらしく、佐藤道生の詳しい研究によって、鎌倉を中心として多くの漢籍写本を遺したことが知られている。

『古文孝経』日本古写本に関してもう一つ特に紹介しておきたいのが、江戸時代後期の文政六年(一八二三)に福山藩主阿部《あべ》正精《まさきよ》が木版二色刷りで弘安十年(一二八七)写本を複製したもの

（本章扉）。跋文は藩儒伊沢蘭軒《いざわらんけん》が代作した。阿部家に所蔵されていた弘安写本は、清原教隆が整理したものではなく、隷古文を多く含んだ貴重なものだが、原本は関東大震災で焼亡したという。しかし、特筆すべきはその覆刻の精巧さで、印刷本でありながら手書きの趣をよく伝え、底本の虫食いも細い線で示し、朱刷りの訓点が花を添えている。隷古文を観察する上でも絶好の資料と言えよう。これも、内閣文庫を吸収した国立公文書館のウェブサイトに、全巻の画像が公開されている。

太宰春台の校定本が中国に逆輸入される

後陽成天皇の文禄二年（一五九三）、朝鮮から得た技術で『古文孝経』が印刷されたのが、日本最初の活字印刷物であると言われる。儒教経典の代表であり、かつ極めて短いから、新たな印刷技術を試すのに相応しかったと思われる。実物は現存しないようだが、『時慶卿記《ときよしきょうき》』に宮中で版を作った経緯の記録がある。現存するのは、やや遅れて慶長四年（一五九九）のいわゆる「慶長勅版《けいちょうちょくはん》」で、これには影印本もあるが、孔安国の序が四葉、本文が最後の「喪親章」を省いてあって九葉、全体で十三葉しかない。後れること三年、慶長七年（一六〇二）には、孔安国伝のついた『古文孝経』が、やはり活字版で印行された。清原《きよはら》（舟橋《ふなはし》）秀賢《ひでかた》の跋があって、清原家伝来の写本を底本として提供したことが書かれている。これが、『古文孝経』孔安国伝が印刷された始めということになろう。清原秀賢は当時京都の貴族や僧侶たちと深い関係を持ち、彼らの出版事業に多く参与していたことが、新村出・川瀬一馬らによって紹介されている。しかしその後、徳川幕府は朱子学を重視し、『孝経』についても朱子の説に基づいて元の董鼎が詳しい注釈を付けた『孝経大義』が普及することとなった。

劣勢に在った『古文孝経』孔安国伝の状況が一転したのは、太宰春台の校定本が享保十七年(一七三二)に江戸で刊行されたことによる。それ以前、享保六年にも、京都の清原尚賢《なおかた》(舟橋保《やす》文《ふみ》)が人に請われて慶長七年の活字版を整版(木版)で覆刻していたが、大きな反響は無かったらしい。享保十一年には太宰と同門の山井鼎が『七経孟子考文』を完成させ、師の荻生徂徠《おぎゅうそらい》が序文を書き、幕命を受けた荻生北渓《ほっけい》(徂徠の弟)がさらに補訂を加えたものが十六年に刊行され、清国へ輸出された。そこには、中国で伝承された版本の文字が変質劣化したのに対し、日本にはより古い良質の版本・写本が保存されていることを誇る意識が強く見られた。同時に、清朝においても徳川幕府においても政権の正統思想とされた朱子学に対する反発も含まれた。太宰春台も明らかにそれと同様の意識を強く持って、『古文孝経』孔安国伝を校定整理した。それは、清原家の人々が、日本国内において清原家伝来の『古文孝経』孔安国伝の地位を守ろうとしていたのとは、随分と異なる志向であった。『古文孝経』に後れて、寛延三年(一七五〇)にはやはり同門の根本遜志《ねもとそんし》が整理した『論語集解義疏』も刊行された。

こうして、いずれも荻生徂徠門下の学者が編集した『七経孟子考文（並補遺）』『古文孝経（孔安国伝）』『論語集解義疏』の三書は、清の乾隆帝が全ての重要漢文典籍を網羅すべく編纂した『四庫全書《しこぜんしょ》』に収められたし、『古文孝経（孔安国伝）』『論語集解義疏』は『知不足斎叢書』にも収められ、『七経孟子考文（並補遺）』は阮元が覆刻して、いずれも清朝の学者たちに大きな影響を与えた。ついでながら、第一章で述べたように寛政六年（一七九四）に名古屋で岡田宜生編集の『孝経鄭注』が刊行された時、『四庫全書』は既に完成していたから、『四庫全書』には『古文孝経（孔安国伝）』があっても『孝経鄭注』は無い。しかし、『孝経鄭注』も『古文孝経（孔安国伝）』と同じく『知不足斎叢書』には収録され、大きな反響を呼んだ。このように清朝で重視されたことは、日本において太宰本『古文孝経（孔安国伝）』の声価を大いに高めた。天明元年（一七八一）には、木村蒹葭堂《きむらけんかどう》が『知不足斎叢書』収録の『古文孝経（孔安国伝）』の序跋を翻刻し、同二年にはその本全体を翻刻した版本も作られた。それ以降、明治までの『孝経』版本は、太宰本から派生したものが量的には大部分を占めた。

寛政十一年（一七九九）には、林家中興の祖と言われる林述斎《はやしじゅっさい》が『佚存叢書《いつぞんそうしょ》』の刊行を始める。中国で散逸して日本にだけ遺された典籍ばかりを集めたこの企画は、『古文孝経（孔安国伝）』『論語集解義疏』などの成功の余波と見ることもできる。『古文孝経（孔安国伝）』は既に清原家や太宰の刊本があったが、いずれも標準字体に整理されたものだったので、林述斎は隷古文を多く含む弘安十年写本を活字で翻刻して『佚存叢書』の第一種とした。それでもまだ物足りないとして、弘安十年写本の精巧な複製本を作ったのが、上述の文政六年の阿部正精刊本である。

一方、天明元年(一七八一)には、清原(伏原《ふしはら》)宣条《のぶえだ》も家伝諸本を参照した新たな校定本を京都で刊行している。宣条の序文は、前述の享保六年の覆刻版出版に際して、清原尚賢は既に病んでいて本文を校勘することができなかったので、自分がその遺願を果たして清原家として良い本を作るのであり、他の本が良くないと主張するものではない、と言っている。清原宣条は『孝経』以外の経典も校勘刊行しており、清原家伝来の経典を伝えるという意識が強いが、『孝経』については太宰の新版も意識していたに違いない。宣条は延享五年(一七四八)に桃園天皇に、明和三年(一七六六)に後桜町天皇に『孝経』を講じていたし、宣条の版に序文を寄せた清原(舟橋)則賢《のりかた》の孫である舟橋在賢《ありかた》は、幕末に近い天保十年(一八三九)に後の孝明天皇(当時は親王)に『孝経』や『尚書』を講義しており、清原家は京都の公家として、江戸時代を通じて朝廷と深い関係を維持していたことが知られる。

孔伝と『管子』

江戸中期の儒者片山兼山《かたやまけんざん》は、若い頃から太宰本『古文孝経(孔安国伝)』を読んでいたが、特に面白いものでもないと思っていたという。読書経験を積み重ねた後、孔伝が、様々な典籍の言葉を縦横に参照して作られていることに気づいた。何気ない言葉にも歴史的背景があることが分かると、理解が断然深まる。そこで、明和九年(一七七二)に、太宰本『古文孝経(孔安国伝)』の欄外に兼山の補注が付けられた版本が印行された。兼山の没後、その弟子が整理して寛政元年(一七八九)に刊行された『古文孝経孔伝参疏』は、孔伝の言葉の出所を詳細に分析したもので、索引やデータベースの便がある現代の学者でも容易には到達できない高い水準を示す。

片山兼山の博捜の結果明らかになったのは、孔伝には『管子』の言葉が非常に多く利用されている、ということだ。これは、非常に興味深い現象と言わねばならない。『管子』は、春秋時代の斉の宰相管仲の思想を伝えるものとされているが、前述したように隋の文帝の重臣で富国強兵政策を進めた高熲を、唐の杜佑は管仲・商鞅と並ぶもの、と評価していた。現在一般には、『管子』は法家に属し、法家は儒家と対立するとされている。法家は冷酷に法令を貫徹させ、儒家は法令よりも道徳を重視する、という印象がある。林秀一は、「魏晋以来の戦乱の続出、……国家・人君を中心とした強力な権威の確立を必要とするに至った結果、諸子百家中、儒家の思想に最も近い『管子』を取り出して、儒家の徳治思想と法家の法治思想との調和を図ったのが、この孔伝であると想像される」とした。同時に林秀一は、孔伝における『管子』の引用が、往々にして経文の意味を一通り説明した後に取って付けたように置かれていることも指摘している。

ここから想像されるのは、孔伝はおそらく二段階以上の編纂過程を経ていて、『管子』の引用が加えられた現在の形より以前には、それらを含まない割と単純な孔伝が流通していただろうことだ。憶測すれば、東晋の荀昶が見た孔伝は、『偽古文尚書』孔安国伝と似た簡明な注で、隋代に再出現した孔伝は、そこに『管子』の引用などが加えられたものかと思う。このように不自然な加筆を経た孔伝が隋代に再出現した際には、劉炫が偽作したのではないか、という疑問の声が上がり、劉炫の『孝経述議』が良く出来ていたこともあって『古文孝経』孔安国伝は一時期ある程度は社会的に認められたものの、唐代にはほとんど読まれなくなっていた。孔伝の冗長な説明を見ていると、それは当然と思わざるを得ない。

劉炫は博識だし、文献を調べるのを得意としていたから、孔伝が『管子』から大量の内容を借用して出来ていることにも気づいたに違いない。『孝経述議』を見ると、孔伝を解説して、『管子』を出典として挙げている個所が多数ある。しかし一方で、明らかに『管子』に同様あるいは類似の言葉が見られるにもかかわらず、『孝経述議』がその点に言及せず、特に出典がある言葉ではないかのように説明していたり、他の文献を出典として挙げている例も見られる。それらの個所は、劉炫が意図的に『管子』の存在を隠したのではないか、と疑われる。もし、孔伝が『管子』の言葉を借用して書いている部分を全て指摘していくと、分量的には孔伝の半分近くになってしまう。それは、注釈書としてはあまりにも特異であり、それで前漢の孔安国が書いたものだと信じろ、と言うのは無理な話だ。だから劉炫は、孔伝と『管子』との間の極めて深い関係については、読者に悟られないようにそれとなく偽装する必要があった、ということだと思う。

相互性の重視と人間の自然的感情

それにつけても、孔伝がここまで大量に『管子』の内容を取り入れているのには、いかなる意味があるのだろうか？　孔伝は本当に『孝経』の解釈に法家の思想を盛り込もうとしたのだろうか？　『漢書』「藝文志」は『管子』を法家ではなく道家に分類していたから、法家という印象だけで判断するのは不適切で、孔伝の中に『管子』の言葉が使われている個所を具体的に見ていく必要がある。すると、孔伝に利用されているのは、『管子』の中でも「形勢解」「版法解」などに典型的に見られる「自然に逆らわない」という思想が中心であることに気づく。

例えば、「三才章」の孔伝には、「命令したことが執行され、禁止したことが行われなくなるためには、命令する内容が民衆の好むことであり、禁止する内容が民衆の憎むことである必要がある」とか、「命令を聞かなくてもやっていけるなら、命令で下の者に強制することはできないし、禁止を犯しても罰せられないなら、刑罰があっても民衆は恐れなくなる」という言い方がある。また例えば、「父母生績章」(今文では「聖治章」)の孔伝には、「上の者が下の者を厚遇してやれば、下の者は上の者に厚く報いてくれる。どれほど厚く報いてもらえるかは、どれほど厚遇しているかによる。待遇が悪いのにしっかり働いてもらいたいとか、子供を大事にしないで子供には大事にしてもらいたいとか、とても無理な話だ。民衆は君主から大事にしてもらいたい、それは飢えた人間が食を求め、凍える人間が衣服を求めるのと同じ必然の道理なので、民衆は大事にされればついてくるし、大事にされなければ去っていく」といった説がある。これらは、いずれも『管子』の内容を借用して書かれている。

私個人は、これらの孔伝の説明を読んで、非常に驚いた。何故なら、どれほど無能な君主であろうと臣下は忠義を尽くさねばならず、どれほど悪辣な親であっても子供は従順でなければならない、というのが一般常識としての儒教の思想だからだ。そして、『古文孝経』の孔安国の序にも、「君は君たらずと雖《いえど》も、臣は臣たらざるべからず、父は父たらずと雖も、子は子たらざるべからず」と明言されている。この記述は、孔伝の内容と明らかに矛盾している。孔伝の思想は全体として一貫しているので、問題があるのは序の方だと言うべきで、個人的には劉炫が序の最後にこの部分を加筆した可能性を疑っている。後漢に『左氏伝』を学官に立てることを主張した賈逵《かき》は、その理由として『左氏伝』が「崇君父、卑臣子、強幹弱枝」(天子・君主・父を尊崇し、諸侯・臣下・子を抑圧する)思想を持っていることを挙げていた(『後漢書』「賈逵伝」)。守旧派の反対を押し切るためには皇帝の支持を得るしかないから、賈逵が皇帝権強化を主張したのは自然であった。同じ事情で、劉炫も、第三章に見る劉知幾も、合理的思想を持ちながら皇帝集権を鼓吹したのだと思う。

もう少し例を挙げると、「士章」の孔伝に「父親たるものが父子関係のあるべき姿をきちんとわきまえて子供に教えなければ、子供はどのように父親に仕えればよいのか分からないし、君主たるものが君臣関係のあるべき姿をわきまえて臣下に示さなければ、臣下はどのように君主に仕えればよいのか分からない」、また「孝平章」(今文の「庶人章」)の孔伝に「君主が「虐」であり、父親が「暴」であり、臣下が「不忠」であり、子供が「不順」である、この四つは人間の最大の失敗である」などとあって、いずれも君主や父親が臣下や子供を大事にすべきことを主張し、臣下や子供の無条件の服従を否定している。『孝経』が親孝行を主張する経典だという印象は、孔伝によって逆転させせられるのではなかろうか。そして、多くの読者は、孔伝の思想の方が合理的だと思われるのではなかろうか？　親から虐待されて育った子供に、親の老後の面倒を見ろ、というのは確かに無理な話であろう。

孔伝が説くのは、人間の心理の自然であり、それに逆らってはうまくいかないということで、第一章で紹介した阮元が『孝経』の核心として「順」の概念を強調したことに通じる。しかも右に引用した例からも分かるように、それが、主として統治者の立場から考えられている。

「広至徳章」の孔伝には、「蛟龍《こうりゅう》は水があってはじめてその神としての霊力を発揮できる。それと同様に、聖人も民衆が居てこそ素晴らしい社会を実現できる」と言っている。これも『管子』の言葉だが、象徴的だ。要は、民衆あってこその統治者であり、民衆に喜ばれなければ統治は安定しない、という政治論なのである。考えてみれば、『孝経』が成立した戦国時代から孔伝が再出現した隋の時代まで、識字率がどれほどあっただろうか？　文字で書かれた経典は、統治者階級の読むものであって、一般民衆の読むものではありえない。それを読み伝え、書き伝えたのも統治者階級に違いない。『孝経』や孔伝は、一般人民に親孝行や忠義に励むことを強制するものではなく、あくまで統治者階級のための経典であった。

孔伝の特徴的思想を見た後で改めて『孝経』を見ると、実は『孝経』そのものが同様の思想に貫かれていることに気づく。「天子章」は「親を大事にする者は、他人を憎んだりしない。親に敬意を払う者は、他人を軽蔑したりしない」と言う。他人を憎悪・軽蔑すれば、自分もその相手から憎悪・軽蔑されるのを避けられない。「諸侯章」は、驕らず謙虚に、節度を守るべし、と言う。そうしないと、下克上されるということだ。「三才章」は、君主が身をもって徳や礼を示すことで、民衆がそれを見習うことを説く。「孝治章」は、天子が下位の諸侯も大事にすれば、全ての諸侯が心服し、君主が身寄りのない人々までも大事にすれば、民衆は喜び、一家の主が召使まで大事にすれば、家庭が円満となる、と言う。『孝経』は、秩序があって安定した、争いの無い平和な社会を理想とする。それは、実際には、子の親や年長者に対する従順、下位の者の上位の者への従順、臣下の君主に対する服従を目指しているのだと言ってもよい。しかし、それを実現する方法として『孝経』は、下の立場の者に従順にせよ、服従せよ、と一方的に要求するのではなく、むしろ上の立場の者に、驕らずに謙虚に、徳や礼を体現した生活をし、下の者を大事にせよ、と要求する。そうすれば、下の者は自然と上の者に従順になり、徳や礼の価値を認めるようになり、理想の社会が実現する。それが「孝治」だ、と言う。

戦国時代から隋唐まで、天子・諸侯・卿大夫、高い政治的地位に在る者は、いつも革命を起こされ、下克上され、暗殺される危険を感じていた。だから、自分の地位を脅かす可能性のある親戚や重臣を排除・殺害することも当たり前のように行われた。しかし、親戚や重臣の排除・殺害は、協力者を失い、自分に恨みを持つ者を増やすことを意味するから、結果としてさらに孤立し、不安が増大することを避けられない。暴力で秩序を維持することには、大きな限界がある。では、どうするか？　『孝経』は、最も基本的な人の心理に従って、地位の高い者ほど謙虚に、他人とりわけ地位の低い者に十分な敬意を以て接するべし、と主張した。多くの政敵を殺害して天子となった隋の文帝は、暗殺されることを恐れ、自分も家族も非常に質素な生活をしたという。そんな彼にとって『孝経』は、とりわけ孔伝の付いた『孝経』は、それなりに共感できるものだったのではなかろうか。

孔伝と『孝経述議』は何をもたらしたか

魏晋南北朝期に、『孝経』に関する著作は多く作られているものの、広く普及した標準注釈は鄭注のみだった。鄭注は、確かに簡潔でよく考えられたものだったが、考えすぎで常識的理解に合わない個所が少なくなかった。『孝経』が単に幼少者の教材であるなら、注釈の意味はあまり問題にならないが、『孝経』の内容を真剣に考えようとする場合、鄭注は分かりにくく、適切とは言えなかった。おそらく晋代に出現したであろう偽作の孔伝は、分かり易い簡単な注だったと思われる。簡単すぎて、重視されなかったのかもしれない。隋代に再出現した孔伝は、これも憶測に過ぎないが、晋代の簡単な孔伝に、主として『管子』の文句を借用することで大量の実践倫理を盛り込んだ内容となった。それは、明らかに前漢の孔安国の著作とは思えないものだったが、儒教の道徳教化の思想を主軸としつつ、人間心理の相互性を捉え、いわゆる法家的な管理思想も含めた説明は、現実的で分かり易いものだった。劉炫が『孝経述議』を書いたことで、偽作の不自然さも隠蔽され、一時は鄭注と並んで標準注釈とされるに至った。

ついでに『古文孝経』本文について言えば、第一章で見たように『今文孝経』とは章の分け方、順序に違いがあった。鄭玄は、『今文孝経』の章の分け方と順序を根拠に独自の解釈を展開していたので、『古文孝経』を使えば鄭玄の解釈は成立しない。だから、孔伝の偽作者が、鄭注を否定するために『孝経』本文にも手を加えて『古文孝経』を作ったという可能性も考えられるが、章の分け方や順序を根拠に解釈を考える鄭玄のような解釈法は南北朝期には既に理解されなくなっていたと思われるので、孔伝は偽作でも『古文孝経』本文は漢代以来のもの、という可能性も考えておきたい。

かくして、『今文孝経』鄭玄注と『古文孝経』孔安国伝という、二つの本文・二つの注が出揃った。唐の玄宗が、これらを踏まえて新たな注を作り、その後、鄭注も孔伝も散逸してしまう。孔伝と鄭注が日本から伝えられて再び中国に姿を現すのは十八世紀のことであり、それまでの間というもの、玄宗注より前の状況はほとんど窺い知れず、したがって玄宗注そのものの分析・評価も十分に行うことは不可能となっていた。

第三章 テキストが確定される——唐、玄宗御注の成立

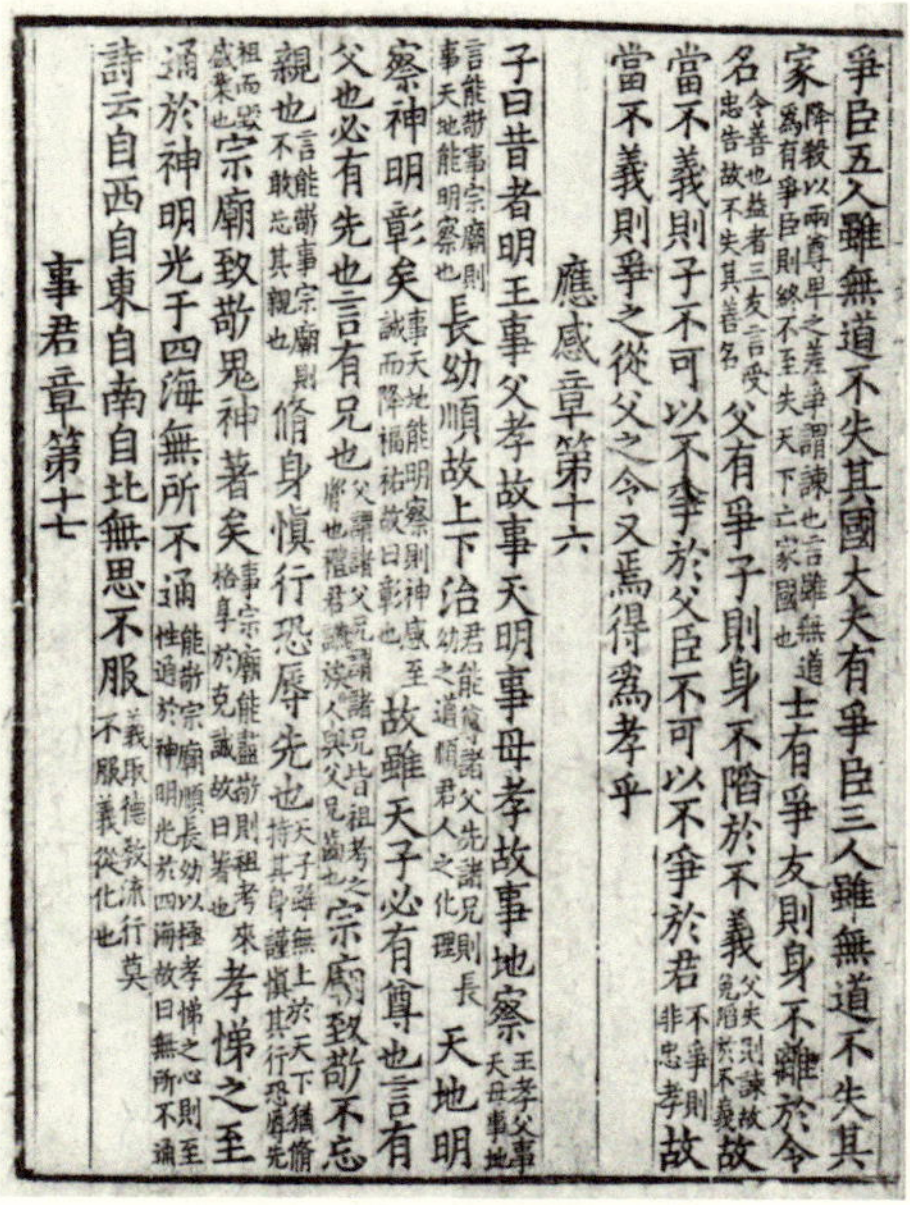
爭臣五人雖無道不失其國大夫有爭臣三人雖無道不失其
家降殺以兩尊卑之差爭謂諫也言雖無道為有爭臣則終不至失天下亡家國也士有爭友則身不離於令
名令善也益者三友言受忠告故不失其善名父有爭子則身不陷於不義父失則諫故免陷於不義故
當不義則子不可以不爭於父臣不可以不爭於君不爭則非忠孝故
當不義則爭之從父之令又焉得為孝乎
應感章第十六
子曰昔者明王事父孝故事天明事母孝故事地察王者父事天母事地
言能敬事宗廟則事天地能明察也長幼順故上下治君能尊諸父先諸兄則長幼之道順君人之化理天地明
察神明彰矣事天地能明察則神感至誠而降福祐故曰彰也故雖天子必有尊也言有
父也必有先也言有兄也父謂諸父兄謂諸兄皆祖考之胤也禮君讌族人與父兄齒也宗廟致敬不忘
親也言能敬事宗廟則不敢忘其親也脩身慎行恐辱先也天子雖無上於天下猶脩持其身謹慎其行恐辱先祖而毀盛業也宗廟致敬鬼神著矣事宗廟能盡敬則祖考來格享於克誠故曰著也孝悌之至
通於神明光于四海無所不通能敬宗廟順長幼以極孝悌之心則至性通於神明光於四海故曰無所不通
詩云自西自東自南自北無思不服義取德教流行莫不服義從化也
事君章第十七

北宋版玄宗注『孝経』

石台孝経と開成石経

現在は碑林《ひりん》博物館として、観光客も多く訪れる西安の碑林には、唐代を中心に数百の石碑が集められている。なかには書道作品として名高いものも多く、それらについては拓本が広く流通している。その碑林の要《かなめ》の位置に立っているのが「石台孝経《せきだいこうきょう》」(図7)であり、その後ろの長いコの字型の建物に「開成石経《かいせいせっけい》」が配置され、碑林の中心部を形成している。

石経については第一章でも少し紹介したが、開成石経は、後漢の熹平石経、魏の三体石経についで現れた第三の儒家石経であり、『易』『尚書』『詩経』『周礼』『儀礼』『礼記』『春秋左氏伝』『春秋公羊伝』『春秋穀梁伝』『孝経』『論語』『爾雅』の十二経を含む。他に、字形の標準を示す『五経文字』『九経字様《きゅうけいじよう》』が付設されている。二三八枚の巨大な石碑に刻まれ、開成二年(八三七)に完成したので開成石経と呼ばれる。後に五代・北宋の王朝が木版印刷で刊行した儒教経典の本文部分は、いずれもこの開成石経を底本としたとされ(開成石経は注が全て省かれている)、五代・北宋の版本が後世全ての儒教経典版本の源流となっているから、開成石経の重要性は明らかだ。

基本的に全部が現存しているが、千年以上の間には何度も補修の手が加えられている。本来

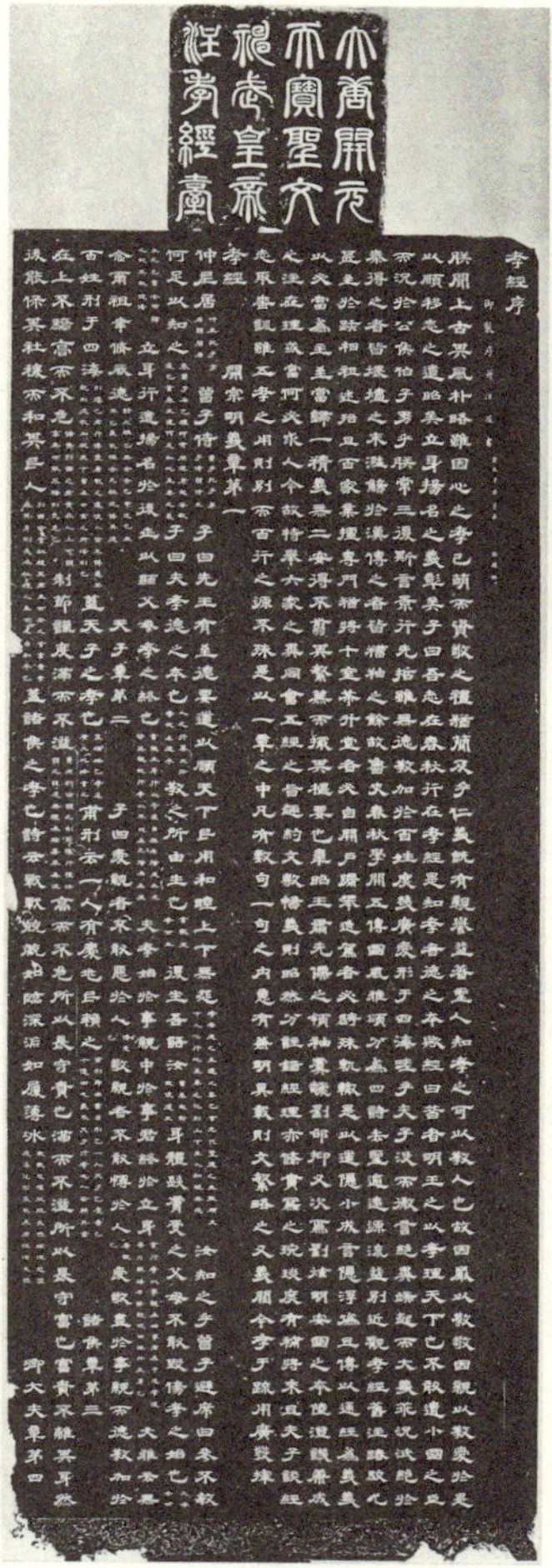

図７　石台孝経

彫られていた文字を削って別の字に変更したり、部分的に別の石に彫って欠損を補ったり、あるいは別の石に彫ったものを別置しておくといったことも行われた。清代では、少なからぬ経典の研究者が開成石経を参照して文字の校勘をしているが、直接石碑を見たわけではなく、拓本を見ているに過ぎない。同じ開成石経と言っても、異なる時期では文字が異なるし、拓本は切り貼りをして製本するので、別置の石の文字を貼り込んだものもあったりして、文字の出入りはかなり多かった。したがって、特定の経典の文字について、開成石経の文字はこうなっている、という説明が、学者によって違う場合が少なくない。開成石経成立当初の文字を確定するのは、現在でもそう簡単ではなく、早期の拓本を探して、よりよい拓本を見ていた清代の学者の説を検討する必要がある。

そもそも、成立当初の文字が必ずしも最良であったとも限らない。日本では、第二章に紹介した『佚存叢書』を編集した林述斎の弟子である松崎慊堂《まつざきこうどう》が、開成石経に校定を加えて『縮刻唐開成石経』を刊行した。天保十三年(一八四二)に完成したというから、石経ができてからおよそ千年後だ。中国で開成石経が木版で刊行されたのは、さらに遅れて民国になってからのこと。中国では最近、その民国期の木版本が影印出版されて普及しているが、その文字が本来の開成石経の文字と同じであるという保証は無い。開成石経の成立当初の姿が明らかならば、経典本文に関する議論の出発点としてこれに勝るものは無いはずだが、実際にはそう簡単にはいかない。

一方、石台孝経は、天宝四載(七四五)に建てられた。開成石経よりも百年近く早い。『孝経』本文のみならず、玄宗皇帝が自ら作った注、御注も全て割注で彫られており、極めて整った隷書の字は玄宗自筆だとされる。第一面(図7左)上部の額題は、玄宗の皇太子で名前を李亨《りこう》と変えたばかりの、後の粛宗が篆書で書いた。保存状態が非常に良く、後世の複製ではないかと思いたいほどだが、複製だとする記録は知られていない。名著『長安史蹟の研究』(一九三三年)の作者足立喜六《あだちきろく》は、当時現物を調査して、「長さ一丈七寸、幅四尺八寸の四個の厚い石板を結合して造った方碑で台石の上に安置してある。石台と呼ぶのは其の故であらう」と述べている。戦後四枚の長大な石を組み合わせて、巨大な四角柱になっているので、「石台」と呼ばれる。石台に出版された『書道全集』などの解説に、「高さ五尺ほどの石台の上に建てられたので、石台孝経と呼ぶ」とか、「高い石の台座の上に据えられているために、こう呼ばれるのである」といった言い方が見られるが、足立の説明から生じた誤解かと思われる。

玄宗直筆の『孝経』が彫られた石柱は、直接地面に置かれているのではなく、石の土台があり、その土台にも彫刻が施されているが、土台はあくまでも土台に過ぎない。粛宗の額題「大唐開元天宝聖文神武皇帝注孝経台」にしても、附刻されている李斉古《りせいこ》の上表や玄宗の批語に見える「石台」も、石柱の本体部分を指して「台」あるいは「石台」と言っていることは明らか。

普通は、開成石経のように、一枚一枚の巨大な石面に字を彫り、「碑」と呼ばれるが、数枚の石板を組み合わせて柱状にしたものを「碑」と呼ぶのは不自然なので「石台」と呼んだに過ぎない。

これより前、開元年間には、各地に、玄宗が書いた『老子』注を彫った「石台」を作ることが命じられていた。その実例として清代に唯一現存が確認されていた易州のものは、八面つまり八角柱の形だったという。『老子』は『孝経』より字数が多いので、四面では足りなかったのだろう。いずれにしても、角柱型にすることで、通常の石碑よりも濃縮された鮮明な視覚的印象が生じる。一九四〇年出版の『支那文化史蹟解説』において、関野貞《せきのただし》は「その壮大の点に於いて、その製作の優秀な点に於いて、余が支那に於いて見た幾百千の石碑中、一も之に比肩すべきものがない」と評している。後世の碑林が、その壮大精美な石台孝経を中心に置いて、開成石経がそれを囲むように配置されているのは、自然なことと言えよう。開成石経の中の『孝経』は石碑一枚で、その文字は、注が省かれたことを除いて、基本的に石台孝経と同じであったから、独自の価値に乏しい。

今日まで伝わるテキストの確立

この石台孝経が、その後の中国における『孝経』の標準テキストとなった。

儒教経典の印刷は五代に始まるとされているが、現存する伝本では南宋初期のものが一番古い。ただし、『孝経』は例外で、北宋の刊本が世界に一つだけ、現在では宮内庁に所蔵されており、影印本がある他、ウェブサイトで全葉のカラー画像を見ることもできる（本章扉）。第二章に紹介した『通典』と共通の縦長で端正な字体で、私の個人的趣味かもしれないが、木版印刷の字体としては最も美しいものだと思う。この北宋版が、いつ頃どのように日本にもたらされたのかは明らかでないが、江戸時代後期に考証学者狩谷《かりや》棭斎《えきさい》の所有となった。日本で伝承されてきた典籍であれば、各種の題記や印記が見られるのが普通だが、この本には棭斎の印記しか見られない。『通典』などと共に、豊臣秀吉の朝鮮侵略時に朝鮮半島から日本にもたらされたという可能性も考えられる。

棭斎は文政九年（一八二六）にこの本の見事な影刻本を作っている（図8）。松崎慊堂の『慊堂日暦』には、同年十二月五日に棭斎が慊堂を訪ねて『孝経』を刻することについて話し、翌十年四月五日に「棭斎至」「贈新刊『孝経』八部」とあるから、印刷・製本が完成したのは文政十年に違いないが、普通には巻末の識語の日付を取って文政九年刊本としている。影刻本の巻末には、棭斎がこの北宋版と石台孝経を対校して確認した八カ所の異同を「校譌《こうか》」として付録し、さらに彼が『孝経』版本の歴史を解説した跋がある。

ちょっとマニアックな話になるが、この北宋版は「通」の字の最後の一画を欠く、つまり

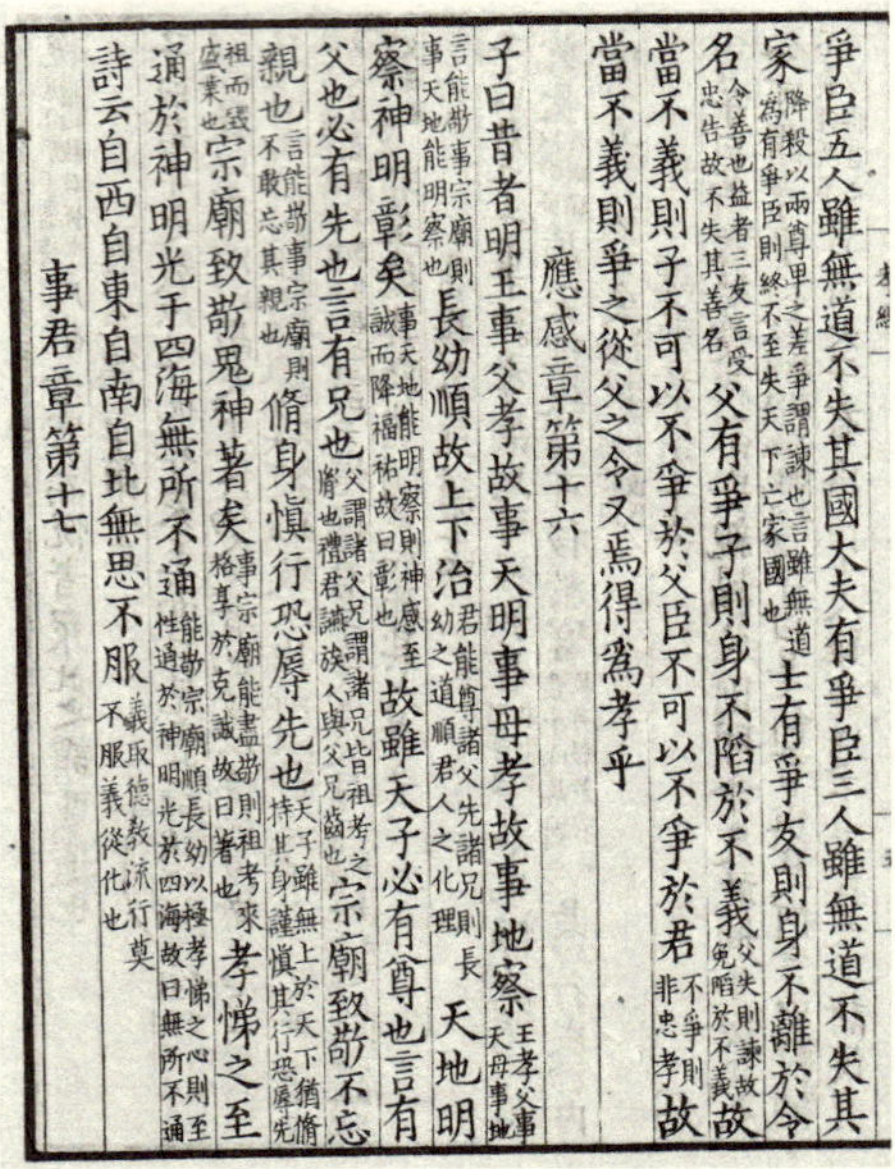
爭臣五人雖無道不失其國大夫有爭臣三人雖無道不失其家降殺以兩尊卑之差爭謂諫也言雖無道為有爭臣則終不至失天下亡家國也士有爭友則身不離於令名令善也益者三友言受忠告故不失其善名父有爭子則身不陷於不義父失則諫故免陷於不義故當不義則子不可以不爭於父臣不可以不爭於君不爭則非忠孝故當不義則爭之從父之令又焉得為孝乎

應感章第十六

子曰昔者明王事父孝故事天明事母孝故事地察王者父事天母事地言能敬事宗廟則事天地能明察也長幼順故上下治君能尊諸父先諸兄則長幼之道順君人之化理天地明察神明彰矣事天地能明察則神感至誠而降福祐故曰彰也故雖天子必有尊也言有父也必有先也言有兄也父謂諸父兄謂諸兄皆祖考之胤也禮君讌族人與父兄齒也宗廟致敬不忘親也言能敬事宗廟則不敢忘其親也脩身慎行恐辱先也天子雖無上於天下猶脩持其身謹慎其行恐辱先祖而毀盛業也宗廟致敬鬼神著矣事宗廟能盡敬則祖考來格享於克誠故曰著也孝悌之至通於神明光于四海無所不通能敬宗廟順長幼以極孝悌之心則至性通於神明光於四海故曰無所不通詩云自西自東自南自北無思不服義取德教流行莫不服義從化也

事君章第十七

図8　狩谷棭斎覆刻北宋版『孝経』. 左から3行目に「通」字の欠筆が見えるのは，本章扉の北宋版と同じ

「辶」を右に伸ばしていない。棭斎が的確に説明しているとおり、これは、北宋三代皇帝真宗の皇后劉氏が、真宗の死後、幼い四代皇帝仁宗に代わって実権を握った天聖・明道年間(一〇二三～一〇三三年)、皇后の父親の本名劉通の「通」の字を使うのを避け、一画欠いた書き方をしたもの。欠筆は後の時代に踏襲されることもあり、「通」字の欠筆があるからこの時期に刊

行されたと断定することはできないが、刊行年代に関する明らかな手がかりとして貴重であり、現存十数部に過ぎない北宋版本の中でも「通」字の欠筆があるものは、「天聖明道本」と呼んで珍重されている。天聖明道本として有名なのは『国語』だが、清代に影刻本が作られたものの、原本は既に散逸してしまっている。したがって天聖明道本『孝経』は中国の木版印刷史上、至高の逸品と評価できる。

南宋・元・明・清と、『孝経』の版本は数えきれないが、『孝経』本文の文字について石台孝経がその後千年以上にわたって基準となっただけでなく、石台孝経の玄宗注が『孝経』の標準的注釈として常に参照されることとなった。経文・注文いずれも、諸版本の間で文字の出入りは僅かだと言える。

唐代の儒・仏・道三教並存体制――『孝経』『金剛般若経』『老子』

第二章で述べたように孔安国伝の付いた『古文孝経』が再出現したのは隋の文帝の時で、下の者に敬意を払えば下克上は起きず天下泰平を実現できるとする孔伝の解説は、政敵を倒し続けて政権を取り、質素な生活を維持した文帝にとっては受け容れやすいものだったと思われるが、その文帝は仏教も深く信仰していた。唐でも政権と仏教との関わりは深く、二代皇帝太宗の貞観十九年(六四五)には、『西遊記』の三蔵法師として有名な玄奘《げんじょう》がインドから長安に帰還して訳経を始め、二十二年には新たに翻訳した仏典を太宗に献上して序の執筆を乞うた。これに応えて太宗が書いたのが「三蔵聖教序」で、当時は皇太子であった後の高宗がそれを称える「聖教序記」を書いた。褚遂良《ちょすいりょう》が書いたものと、懐仁《えにん》という僧が王羲之の行書から集字したものが、それぞれ複数回石碑に刻まれ、古い拓本は書道史上の名品として珍重されている。高宗は亡母追善のために建立した大慈恩寺《だいじおんじ》で玄奘に組織的な翻訳事業を続けさせ、玄奘が亡くなるまでの二十年近い間に大量の仏典が漢訳された。

一方で、唐王朝は、老子こそが皇室の祖先である、という主張もしていた。老子は伝説の人物だが、『史記』などで姓が李だったとされており、唐王室と同姓だったため、老子を神格化して「玄元皇帝《げんげんこうてい》」と呼び、唐王朝の始祖だとした。道教は仏教同様、南北朝期に教義・教団ともに大きく発展したが、仏教が梁の武帝や北斉の文宣帝のような皇帝の帰依によって大いに発展し、隋の文帝によって制度的にも全国に普及したのに較べれば、道士の寇謙之《こうけんし》を信奉した北魏の太武帝が太平真君《たいへいしんくん》という年号(四四〇〜四五一年)を使い、仏教を迫害したような例はあるものの、朝廷・政府の支持という点で仏教と肩を並べる勢いはなかった。したがって、唐王朝が老子を祖先として道教を支持したことは、画期的だった。

儒教・仏教・道教は「三教」と呼ばれ、政権内では宗教政策が論じられ、三教間でも相互批判など多くの議論があったが、この三教は性質が大いに異なる。まず仏教は外来の宗教であり、その経典は漢語に翻訳されたものが伝習され、僧侶は出家して俗界から独立した教団を組織していた。儒教は周公や孔子の教えを伝えるもので、社会道徳が主であり、その経典は漢語文化の基礎を成している。したがって、漢代以来二千年、漢族王朝は常に儒教を当然の前提としており、解釈の変化はあるものの、儒教経典が否定されることはなかった。道教は両者の中間のような性質を持ち、教派・教団はあるものの出家という形は採らず、『老子』『荘子』『列子』といった先秦の古典を経典としていた。第一章で紹介した『経典釈文』は、基本的に儒教経典の音義だが、『孟子』が無くて、『老子』『荘子』が含まれている。南朝末期の漢語文化において、『老子』『荘子』は必読のものだったということだ。

唐の太宗・高宗は前述のように玄奘の訳経を支援したが、高宗はむしろ道教を重視した。その後、則天武后《そくてんぶこう》は仏教を盛んにしたが、玄宗は道教に傾いた。唐王朝の宗教政策は、時期によって大きく複雑な変化があるが、総体として言えば三教並存だったと言えよう。唐王朝最盛期の玄宗皇帝は、開元十年(七二二)に『孝経』の注、二十年に『老子』の注、二十三年に『金剛《こんごう》般若経《はんにゃきょう》』の注を作っている。実質的には文人官僚が協力して編纂したものだとしても、皇帝の名義で儒・仏・道三教を代表する経典一つずつに注が作られ、全国に頒布されたことは空前絶後であった。『孝経』『老子』『金剛般若経』は、いずれも極めて短い経典であると同時に、それぞれの教えの精髄であると考えられる重要なもので、それに皇帝による解釈を付して普及させられた。

その他、玄宗期(七一二〜七五六年)には多くの文化事業が行われ、伝統文化が大きく組み替えられた。唐以前と宋以降では、中国の社会文化が大きく違っていると言われるが(唐宋変革)、その変化は短期間の激変ではなく、唐代三百年の間に徐々に変化したものと考えられる。その中で最も著しい変動を見せたのが玄宗期であり、その変化の中心に居たのが玄宗その人であった。

『五経正義』——標準テキスト編纂の意味

ここで、少し遡って、石台孝経成立に至る過程を振り返りたい。鄭玄らによって儒教経典に注が付けられた後、経典は割注形式の注を含んだ形で転写・伝習されるのが普通となり、経典本文と注は有機的に一体化していた。本文を省略して注だけ転写しては、意味不明となってしまうので、誰もそんなことはしないし、注を省略した本文だけでは内容を理解できないので、書籍としては不完全と意識された。南北朝期には、このような注と一体化した経典が学習・研究の出発点となり、様々な解釈や学説が提起され、さらに精緻化されていった。

南朝では建康(現南京)の朝廷を中心として貴族階層の間で学術が伝承・発展され、北朝では各地の民間学塾に著名な学者が居て学術を伝授していたが、隋が南北朝を統一して長安の朝廷が文化の中心となると、異なる学術伝統に従ってきた学者たちの間に様々な衝突が起こった。南北各地の学術伝統において、経典のテキストが同じではなく、依拠した注も同じではなかったから、異なる学説の間で議論を闘わせようとしても共通の基礎が存在せず、勢い感情的な非難の応酬となりがちであった。

一方で、学説の伝承を重んじる専門の学者を軽視して、自らの合理的判断力で経典に向き合おうとする人々も居た。第二章で紹介した、『古文孝経』孔安国伝の再発見に関与した王劭や劉炫がその代表だし、『顔氏家訓《がんしかくん》』の作者顔之推《がんしすい》も同様の精神を共有していた。劉炫は、特定の師から学説を伝授されるのではなく、図書館に籠って大量の典籍を読み漁り、幅広い知識を身に着けると同時に、旧来の諸学説にも精通した。その結果、旧来の学説が暗黙のうちに議論の基礎としていた前提を前提として認めず、合理的に考えた時には、一見精緻なそれらの説が全く成立しないことを論じていった。「王様は裸だ」と至る所で言って回ったわけなので、議論は明快だが、軽薄という印象を拭えない。こうして、旧来の諸学説の権威はあっけなく崩壊してしまったのだが、それは、異なる伝統に従った諸学説の衝突・矛盾を克服する道を切り開いたのだと評価することもできる。

隋の天下を継承した唐王朝も、文化の統一事業に力を入れた。儒教経典についても、顔師古《がんしこ》に命じて本文の校定を行わせたことがよく知られている。第二章で、唐初に「六朝旧本」（南朝伝来の本)を主として校定が行われたと紹介したのがそれに当たる。さらに、孔穎達《くようだつ》らに命じて経典解釈学説の統一整理を行わせた。まず儒教の核心となる経典が五つに絞られ、それぞれ基準となる注が選ばれた。具体的には、『易』王弼(一部韓康伯《かんこうはく》)注、『尚書』孔安国伝(ただし既に述べたように偽作)、『詩経』鄭玄箋《せん》、『礼記』鄭玄注、『春秋左氏伝』杜預注である。第二章で紹介したように、『尚書』孔安国伝と『春秋左氏伝』杜預注は、独特の学説を展開した漢代の注を否定し、合理的で簡明な解釈を提供するものであった。

礼の経典は南北朝以来『周礼』『儀礼』『礼記』の三礼で、いずれも鄭玄の注が標準とされてきたが、具体的制度・儀礼を記述した『周礼』『儀礼』は外して、倫理・道徳の比重が高い『礼記』だけを選んだ。さらに、その解釈については、劉炫らの批判によって南北朝の旧説が権威を失っていたものの、合理主義に徹した劉炫らが新たな学説体系を構築することはできなかった。そこで孔穎達らは、南北朝の旧説と劉炫らの新説を材料として、鄭玄注の説に合致しない学説や、非合理的な学説は排除して、鄭玄注を補強する学説を整備した。太宗の命によって編纂されたこの学説解説書は、はじめ『五経義讃《ぎさん》』と呼ばれたが、貞観十六年(六四二)に完成すると、太宗から『五経正義』という書名を与えられた。太宗が亡くなって高宗が跡を継ぐと、内容の再検証が求められ、永徽四年(六五三)に修訂が完成して広く配布され、明経科《めいけいか》(科挙の一種)試験の基準とされた。これ以後、保守的な学者は『五経正義』の大枠の中で学習・研究を進めるばかりで、創造的な研究は難しくなった。ちなみに、『五経正義』に「晋宋古本」という言い方が出てくるが、それも南朝伝来の旧本を意味する。

太宗が「聖教序」を書き、皇太子だった高宗がその「記」を書いたことは先に紹介したが、『孝経』についてもこの二人の間に注目すべき記録がある。『旧唐書《くとうじょ》』の記載だが、高宗がまだ幼く、皇太子になるとは思われていなかっただろう頃、『孝経』を教えられた。太宗が、『孝経』の中で重要な言葉はどのようなものか？と尋ねると、高宗は「孝は、親に仕えることに始まり、君主に仕えることが中間で、身を立てることが終わりだ」、「立派な人物がお上に仕えるやり方は、進んでは忠義を尽くし、退いては過ちを挽回することを考え、善政はお上の徳のお陰とし、お上の欠点はそれを補正する」の二節を答えとした。これを聞いて太宗はたいそう喜び、「そうそう、それだけきちんと出来れば、父兄に仕えて臣下として子として立派な行いが出来る」と応じたという。

高宗の二つの答えのうち、前者は『孝経』第一章「開宗明義章」のまとめの言葉、後者は特殊な意味を持つ「喪親章」を除けば最終章となる「事君章」の言葉で、それで全体を代表させたとすれば確かに適切だろう。しかし、第二章で紹介した呉の張昭、西魏の長孫澄、南斉の王倹が、それぞれ皇帝に対して『孝経』の「事君章」や「卿大夫章」を暗唱して聞かせたのが、お座敷の機転で皇帝を喜ばせるという性質のものであったのに較べると、幼い高宗の回答は、皇子の一人として、皇帝であり父親でもある太宗に忠勤を尽くすことを宣誓する真剣なものとなっており、息苦しさを感じざるを得ない。実際、唐宋以降近代に至るまで、『孝経』は君主や父兄への絶対服従を美徳として説くものとして扱われるのが普通であった。統一帝国の安定化と共に、『孝経』の使われ方、重点の置き方に大きな変化が起こりつつあった。

「革新」と「伝統」のせめぎあい

いつの世も、学者の世界は保守的な傾向が強い。長い年月をかけて学習してきた内容を、自分の財産として大事に守ろうとするからだ。『五経正義』が編纂された後は、そこに示された学説の研究に終始し、新たな解釈を受け容れない学者が朝廷学術の主流を占めていた。しかし、いつの世にも、既成の学説に飽き足らず、新たな学説を提起する学者は現れる。則天武后時代（六九〇～七〇五年）には、王元感《おうげんかん》という学者が次々と新説を著し、保守的学者たちからの非難にさらされた。『尚書糾謬《きゅうびゅう》』『春秋振滞《しんたい》』『礼記縄愆《じょうけん》』といった彼の著作は、隋の劉炫の『春秋攻《こう》昧《まい》』『春秋規過《きか》』『孝経稽疑《けいぎ》』『孝経去惑《きょわく》』等に通ずる書名で、伝統学説批判の意図が明らか。劉炫の場合は、それでも『春秋述議』『孝経述議』のように、伝統学説を幅広く引用し、批判も加えながら学説の整理をした著作が主で、伝統学説批判を中心とする『攻昧』『規過』『稽疑』『去惑』は補足的著作であったが、『五経正義』によって学説整理が完成した後の王元感が書いたのは、旧説を批判し、新説を提起することを主とする著作だけであったと思われる。これらの著作は残念ながら全て散逸しており、具体的内容を知ることができない。注目すべきなのは、保守的主流学者からの非難に対して、王元感を擁護する学者たちも現れたことで、その中には魏知古《ぎちこ》・徐堅《じょけん》・劉知幾といった人物が居た。

劉知幾(六六一～七二一)は、『史通《しつう》』の作者として有名な人物。国史編纂の任に当たっていたが、当時の体制では歴史書編纂などできないことを詳細に論じた手紙を長官に書いて、辞任を申請したりしている。『史通』は現在に至るまで、史書編纂理論の名著として読み継がれているが、伝統や旧例には全く拘《こだわ》らず、自由な立場で論評を繰り広げている。その中では隋の王劭にも肯定的評価を与えていた。徐堅は、『史通』を読んで高く評価し、史書編纂者は座右に置くべきだ、とした。

『史通』の「自叙」で劉知幾は、知己として徐堅を挙げた後、僅か数人自分を理解できる友人を挙げたが、その中に元行沖《げんぎょうちゅう》という人が居た。『旧唐書』は劉知幾・徐堅・元行沖を一つの列伝に並べている。元行沖は、『類礼《るいれい》』の義疏を作った。『類礼』とは、唐初の大臣魏徴が編集したもので、『礼記』が雑多な内容を原則も無く寄せ集めたものに過ぎないことを不満として、これを内容に従って再編集し注を付けたのだが、鄭玄注の『礼記』に取って代わるには至らなかった。これを再び取り上げるべしとする意見があって、玄宗は元行沖に命じてその義疏、つまり詳細な解説書を作らせた。ところが、完成した『類礼』義疏を献上したところ、宰相の張《ちょう》説《えつ》が、『類礼』は太宗に献上されたものの、広く普及させるには至らなかったものであり、歴史的に伝習されてきた鄭玄注の『礼記』を廃すべきではない、と主張し、玄宗もその意見を受け容れたから、『類礼』義疏はそのままお蔵入りとなってしまった。そこで元行沖は内容の是非を問わず伝統に固執する学者たちを批判し、伝統学説を変えることの難しさを嘆いた文章を書き、辞職してしまった。「釈疑《しゃくぎ》」と呼ばれるその文章が『旧唐書』に載せられている。第二章で、隋の王劭が同時代の保守的学者たちを批判した言葉を紹介したが、王劭のその言葉は、元行沖のこの文章に引用されたことによって現在にまで伝えられている。

劉知幾・徐堅・元行沖の三人は、いずれも十分な学識を持ち、様々な問題について自ら合理的判断を行った。その結果、同時代の保守的な学者たちと相容れず、自らに対しては完全に肯定的な評価をしていた。『孝経』に関する議論の過程で、劉知幾は「自分は下劣な者ではありますが、学術能力は極めて高く、不遜ながら、当代では私以上に優れた人物は居ないと思っております」と述べたし、徐堅は、集賢院（皇帝の学術顧問を任務とする部署）の学士たちは皆無能であるから、高い待遇を与えているのは朝廷にとって無駄なことで、やめるべきだ、と主張していた。合理的判断を追求し、非合理的な伝統学説を否定する彼らは、遠く漢代では孔安国・劉歆、魏晋では王粛・杜預、近くは隋の劉炫・王劭らを自らの先駆者と見なしていた。『尚書』

『孝経』の伝の作者として仮託されている孔安国を除けば、いずれも伝統学術批判と完全な自己肯定で知られる人々だ。

徐堅が編纂した『初学記《しょがくき》』という書物がある。文章を書く際に、様々な典故を調べて的確な表現を容易に見つけ出せるようにと、玄宗の命を受けて開元十三年(七二五)頃に作られたものだが、それまでの類似著作に較べて実用性が突出している。それは、開元六年に同じく玄宗に献上されて玄宗の支持を得た『五臣注文選《ごしんちゅうもんぜん》』が、文学作品の意味内容を簡明に理解することを目標としていて、半世紀以上前の高宗の顕慶三年(六五八)に完成した李善《りぜん》注『文選』が典故の探索に終始しているのを批判していたことと、共通の文化的傾向を持っていた。玄宗は、『尚書』や『老子』の文字を分かり易いものに変更したりもしている。元行沖が『類礼』の義疏を作ったのも、玄宗の命によるものだった。その他、制度や儀礼などの面でも、玄宗の時代に改革されたものは多い。伝統的な学術が、儒教経典や文学作品の言葉の世界に閉じこもって研究・議論していたのに対して、玄宗の性向は、現実的・直接的・合理的に内容を理解して活用することに意義を見ていた。ただし、朝廷の制度は皇帝一人の意向でどうとでもなるわけではなく、玄宗も多くの場合、保守派の意見を尊重していた。

劉知幾vs司馬貞

開元七年(七一九)三月一日、玄宗は『孝経』および『尚書』に古文・今文の二種のテキストがあり、孔安国と鄭玄の異なる注があって、説が分かれていることを問題とし、三月十日(六日とする説もある)には、『孝経』は鄭注が普及していて孔伝は学習者が少なく、『易』の子夏伝は学習者が無く、『老子』は河上公《かじょうこう》注が普及している一方で王弼注も有力である状況について、各注の優劣を議論することを命じた。

一カ月後の四月七日、まずは劉知幾が、(A)十二点の論拠を挙げて『孝経』鄭注として普及しているものが鄭玄の作品では無いことを論じ、注の内容自体の優劣も明らかであるから、『孝経』は鄭注を廃して孔伝を標準とすべきであり、『老子』河上公注も『易』子夏伝と共に後世の偽作で、内容的にも王弼注に遠く及ばないことから、『老子』は河上公注を廃して王弼注を標準とすべきであることを論じた詳細な意見を奏上した。同時に、先に引用したように、(B)自分が他に類を見ない突出した学識を持つことを強調する一方で、自分以外の凡庸な学者たちは、旧体制維持の役には立つかもしれないが、新しいことをする役には立たず、歴史的にも学術の刷新は大変難しいことであるから、賢明なる皇帝陛下におかれては、腐れ儒者たちには議論させず、私の意見を採用して施行して頂きたい、と述べた。

これを受けて、翌四月八日に宰相らが奏上した。その内容は、(C)劉知幾は確かに優れた学者だが、他の学者たちを完全否定するというのは行き過ぎだし、『孝経』鄭注も『老子』河上公注も長年学習されているものなので、担当部署に命じて諸学者と劉知幾の間でしっかり議論させ、論理的な結論を奏上することにしたい、というものだった。さらに、(D)国学博士司馬貞《しばてい》ら十人の学者の検討の結果、『孝経』鄭注は、仮に鄭玄の作品ではないとしても、内容的には非常に優れており、対する現行本の『古文孝経』は、比較的最近の人間が通行の『孝経』(すなわち今文)をベースに二十二章というもとの『古文孝経』の章数に合うように加工したものに過ぎず、孔伝も経典の注釈として相応しくない内容で、優劣は明らかであるから、これまでどおり鄭注と孔伝の併存とするべきである。『老子』の河上公も架空の人物ではあるが、その注は分かり易く実践的道徳としても価値が高いので、王弼注に玄学的価値があるのとは意味が違い、これもこれまでどおり両者併存とすべきだ、とした。

議論を取りまとめた礼部は、この司馬貞らの意見を引用した後、劉知幾もこの意見に従った、とする報告書を奏上した。つまり、劉知幾が『孝経』鄭注と『老子』河上公注を廃すべしとした建議は採用せず、現状維持という結論になった。礼部の報告を受けた玄宗は、五月五日に詔勅を下した。具体的内容は、礼部の答申どおりだが、皇帝のお言葉は臣下に対するお説教を含んだ。(E)朝廷は世間一般の道徳水準の向上を目指して広く各種典籍を求めて共通の理想を追求しようとしているのに、孔伝を支持する学者は鄭注を絶滅させようとし、今文を支持する学者は古文は偽作だと否定して党派闘争をしている。鄭注も孔伝も重要な注釈でありながら、解釈が相違している所があるのは大問題である。そういう問題を議論せずに、些末な論拠を列挙して偽作説を主張するようなことばかりしておる。そんなことでは困るぞ、というのが玄宗のお説教の趣旨であった。以上の経緯について、通常は『唐会要《とうかいよう》』という書物の記載が参照され、(A)(D)の部分の議論だけが紹介されているが、『冊府元亀《さっぷげんき》』巻六百四、巻六百三十九には『唐会要』に見られない(B)(C)(E)の内容があり、大変面白い。吉川忠夫の論文「元行沖とその「釈疑」をめぐって」は、さすがに(B)(C)(E)の部分も含めて的確な紹介をしている。

劉知幾が十二の論拠を挙げて鄭注が鄭玄の作品ではない、とした議論は、『孝経』の歴史の中でも特に有名で、その後現在に至るまで、鄭注の真偽問題では必ず言及される話題となっている。しかし、それらの論拠は、玄宗の詔勅も指摘しているように、本質には関わらない些末なものばかりであった。例えば、鄭玄の弟子や後世の歴史書が鄭玄の著作を列挙した際に『孝経』注が挙げられていない場合がある、といった状況証拠であり、決定的な論拠があるわけではない。対する司馬貞は、『古文孝経』と孔伝の偽作を論じたが、こちらも決定的な証拠は無かった。この論争において、司馬貞は単に現行制度の代弁者であり、学術官僚として現状を擁護したに過ぎない。

『新唐書』は、司馬貞らが宰相宋璟《そうえい》らの意向に阿《おもね》ったもの、としているが、果たしてどうであろうか。現在の我々の目から見ても、『古文孝経』とその孔安国伝は確かに怪しい。そして、それは『古文尚書』孔安国伝や『春秋左氏伝』杜預注などと同様の、現実的・合理的性格を持つものであった。鄭玄に代表される伝統的学術は、言葉の世界の中で独自の価値を探求していたが、合理主義的学者たちはあくまで現実世界で合理的解釈を考えていた。隋の劉炫・王劭や、唐の劉知幾・徐堅・元行沖らが後者であれば、司馬貞は前者の伝統的学者であった。河上公注を支持したのも、伝統的学術の世界において『老子』と言えば河上公注が標準的注釈だったからだ。『五経正義』などに引用されている『老子』の注は、ほとんど全て河上公注である。個人としての司馬貞には『史記索隠《さくいん》』という作品もある。同時代の張守節《ちょうしゅせつ》の『史記正義』が現実合理的な解釈を主としているのに対し、『史記索隠』は言葉の世界を中心とする伝統的な注釈であることが分かる。だから、仮に宰相が劉知幾の説を強く支持していたのであれば、司馬貞がその意向に背いてまで劉知幾説を否定できたかどうかは分からないが、そうでなければ、司馬貞の主体的意見として、劉知幾説に反対するのは当然だったと思われる。『大唐新語』に、当時の宰相蘇頲《そてい》・宋璟らは学の無い官僚で、一般的意見に従うばかりで、劉知幾の折角の提言を受け容れられなかった、という記事がある。判断力の無い宰相が司馬貞らの説に従ったことを意味するが、『大唐新語』の記載に司馬貞の名前は見えず、宰相が不適切な判断をしたという書き方になっているので、そこから逆に、司馬貞が宰相に阿ったという話が作られたのかもしれない。

玄宗皇帝自身による注釈

『孝経』をめぐる朝廷内でのいささか煩瑣な議論にお付き合いいただいてしまった。先に進んでいこう。開元十年(七二二)六月二日、玄宗が訓注した『孝経』が国子学および全国に広く頒布された。開元七年五月五日に劉知幾の提案に関して詔勅を出し、今文鄭注・古文孔伝どちらも重要なのだから、内容をしっかり検討しなければならない、と学者たちを説教してから三年である。

この間の編纂作業の詳細は分からないが、元行沖が書いた「序」が遺されており、基本的状況は了解できる。それによれば、玄宗皇帝は立派な政治をして、太平の世を実現しているが、政務の合間に経典にも心を寄せ、『孝経』が大変重要であるのに、諸家の注釈が要領を得ないことを遺憾とし、近臣に命じて学者たちと相談して、鄭注・孔伝はもちろん、王粛・韋昭《いしょう》らの注から近年の学者の注まで広く参照し、比較検討して、学説整理を行わせた。玄宗はそれを基に、旧来の注の冗漫な所は削除し、良い言葉は漏らさず採用し、旧来の説に問題がある個所は自ら適切な解釈を示して、新たな訓注を編纂した。玄宗は、自作の新たな注を朝臣に示し、広く学者たちに審査させるように命じた。ここで、劉知幾や司馬貞も含む多くの学識者が集められて検討会が行われたが、皇帝の作品であるから当然彼らはそれを賛美し、一般公開を願った。そこで宰相たちが玄宗に、これを普及させたい、またそれに当たっては元行沖に序と義疏を書かせたい、と奏上し、玄宗の同意を得た。以上が、元行沖の序によって知られる経緯だ。

皇帝が儒教経典について講義や著作をしたという例は少なくないが、皇帝が書いた注が標準注釈として普及して、その後の議論の基礎となったというのは、玄宗の『孝経』注だけであろう。現在儒教経典の標準的版本とされる『十三経注疏』に収録されている経典の注は、この玄宗注を唯一の例外として、それ以外は全て漢から晋の間に作られたものだ。何故、『孝経』の玄宗注は鄭注・孔伝を圧倒し、全面的に普及することに成功したのか？　玄宗が思想・文化面でも積極的・革新的であり、唐王朝の国力、玄宗の権威が絶大であったことは確かだが、内容的にも「優れた」ものであったからに違いない。そうでなければ、鄭注・孔伝を学習・伝承する者が居なくなり、玄宗の権威が失われ、唐王朝が滅んだ後でもその注が使われ続けるという現象は起こりえなかっただろう。

既に見たように、魏晋から玄宗注出現に至るまで、『孝経』の注と言えば鄭注が唯一普及していた標準で、隋代に再出現した『古文孝経』と孔伝には少数の支持者が居たに過ぎない。それ以外にも『孝経』の注釈書は多数あったが、鄭注・孔伝ほど大きな影響力は持っていない。そのような状況で作られた玄宗注は、テキストには伝統的に標準とされていた『今文孝経』を選び、解釈は鄭注と孔伝を中心にその他の説も参考に取捨選択を加えている。今から百年前までは、鄭注と孔伝の内容が断片的にしか知られていなかったので、玄宗注の取捨選択がどのようなものだったのかは、推測が難しかった。実のところ、玄宗注はそれほど違和感なく自然に読める内容が大部分を占め、単独で見ていると特徴があるようにも思われない。現在では孔伝・鄭注ともにほとんど全文が復原されているので、比較が可能になった。しかし、鄭注と孔伝は、それぞれ非常に個性が強く、鄭注は理解が難しい個所が多く、孔伝は冗長で焦点を摑み難いため、それらとの比較が第一歩となる玄宗注の評価は、まだ十分な検討が尽くされていないと言えよう。

開元と天宝、二度のプロジェクト——激動の玄宗朝

開元十年に頒布された玄宗注は、約二十年後の天宝二年(七四三)五月二十二日に修訂本が頒布された。翌天宝三載十二月には「天下の家いえに『孝経』一本を蔵せしめ、精勤に誦習せしめよ」という勅が下され(日本の孝謙天皇がこの勅を踏襲したことは序章で紹介した)、翌々四載に石台孝経に彫られたのは、いずれもこの修訂本に基づく。

石台孝経は、本文の前に玄宗の「序」が彫られており、同じ序文が宋代以降の版本にも「御製序」として載せられている。宋代以降、前述の元行沖による序は散逸して、その存在すら忘

れられていたので、玄宗の序の成立経緯が分からなくなり、開元十年に作られたものとされる場合もあった。ところが幸い、元行沖の序は日本に伝承されていたので、開元本の玄宗注に、元行沖が序と義疏を書いたことが分かる。また、玄宗の序の中に「写之琬琰、庶有補於将来」という文句があり、「琬琰《えんえん》」は美しい石を意味し、「石に彫って将来の人々にも見てもらえるようにする」という趣旨と考えられるので、この玄宗の序は石台孝経のために書かれたと考えられる。だとすると、天宝二年に修訂本が完成し、三載十二月に家いえに一本所蔵させせよ、という命が下された時にも、玄宗の序はまだ無かったことになる。修訂本『孝経』の写本が実際に頒布された段階では既に石台孝経の作成が計画されていて、序が付いた形で頒布されたという可能性も考えられるが、逆に序無しで頒布されたと考えても問題は無いように思われる。

修訂本について重要なのは、開元本の玄宗注に対してどのような変更が加えられたかで、これについては既に複数の学者によって検討がなされている。結論から言うと、変更はいずれも些末な文字や解釈の違いで、注の内容に思想的問題があって修訂本が作られた、というわけではなさそうだ。では何故わざわざ修訂本を作って再頒布し、石台孝経まで作ったのか？

おそらく、そこには政治的意味があったのだろう。天宝元年には、老子を神格化して唐王朝の祖先とした玄元皇帝が現れて、有難いお札を下されたという事件があり、玄宗は玄元皇帝の礼拝所を改築する等、迷信的儀礼に耽った。朝廷では「口に蜜有り、腹に剣有り」と評された宰相の李林甫《りりんぽ》が、玄宗の顔色を上手に窺いながら、自分の利益に適《かな》う人間が出世し、そうでない人間が排除されるように人事を操っていた。地方では節度使が力を蓄え独立性を高める状況だったが、安禄山《あんろくざん》は玄宗に対する自分の忠誠を誇大に説明し、玄宗もそれを喜んだ。こうして、天宝二年には李林甫と安禄山が玄宗の信頼を確保して、玄宗への忠誠を不断に強調しながら、実態としては政治の空洞化を進め、安史《あんし》の乱(七五五～七六三年)に繋がる崩壊の過程が始まっていた。玄宗は、天宝三載には九宮貴神という怪しげな神を信仰し、楊太真《ようたいしん》に入れあげ、「政治は全て李林甫に任せたい」と言い出す始末であった。四載七月に楊太真は昇格して楊貴妃となった。石台孝経が完成して、拓本が玄宗に献上されたのが同年九月一日である。つまり、李林甫や安禄山が玄宗の耳元で、自分たちは命も賭す覚悟で忠勤に励んでいると吹き込み、玄宗が迷信や美女にうつつを抜かしながら、李林甫や安禄山の甘言に気を良くしている状況下で、天宝修訂本『孝経』と石台孝経が作られた。

玄宗は、『礼記』で「曲礼《きょくらい》」「檀弓《だんぐう》」「王制」の次に置かれていた「月令《がつりょう》」を唐代の実情に合わせて書き換えさせていたが、天宝二年三月にはそれを『礼記』の第一篇とするよう命じ、翌三載七月には『尚書』に使われている古文字を通行の文字に改めて普及させるよう命じている。開元二十三年に、王朝の始祖である老子を特に重視するという意味で、『史記』の老子伝を列伝の最初、伯夷伝の前に置くという先例もあったが、『史記』は経典ではないので同列には論じられない。『尚書』『礼記』は、いずれも数百年にわたって保守的に伝承されてきた儒教経典であり、それに対して玄宗は実用的観点から大胆な変更の手を加えた。開元年間に元行沖が玄宗の命で『類礼』の義疏を作ったにもかかわらず、張説らの反対で旧来の『礼記』に変更を加えることが否定され、元行沖が憤懣を文章にしていた状況を思い合わせれば、天宝初年の状況は明らかに異なっていることが分かる。玄宗の願望に迎合できない保守派は、既に朝廷内に生存の余地を失っていた。

石台孝経の玄宗の序は、『孝経』の意義として「順を忠に移し、身を立て名を揚げるという道義が明らかにされた」ことを挙げており、末尾に列挙された製作責任者の筆頭は李林甫である。この時『孝経』は、皇帝万歳の絶対的忠勤によって天下泰平を維持するという彼らの建前を世界に誇示するものとなった。開元年間に唐王朝の政治・経済が安定した良好な状態だったからこそ、天宝初年に玄宗が絶対的権力の自由を満喫し、李林甫や安禄山が活躍できた。しかし、そのような政治は、当然長続きしない。石刻史上最も立派に作られた石台孝経は、唐王朝の運勢の絶頂を象徴しているように思われてならない。絶頂のその先は、急転直下の坂道であった。

『孝経注疏』――玄宗御注と元行沖疏

開元本『孝経』の元行沖の序には、玄宗注の完成後、宰相たちが元行沖に序と義疏を書かせたいと奏上し、玄宗が裁可した、と書かれていた。石台孝経の玄宗の序には、注は簡明を旨として重複・冗長を避けたので、詳しい説明は義疏に書いてある、としている。つまり、開元本でも天宝修訂本でも、注と義疏が一組のものとして作られていた。

旧来は、鄭玄などの注に対して、数百年後の学者たちが義疏を書く、というのが普通の形であった。注は経典本文と一体化しており、経典の一句一句に合わせた説明を基本としているから、学説を体系的に理解することは難しい。義疏は、鄭玄らの学説体系を研究した成果であった。それに対して、玄宗の『孝経』注に対する義疏は、注の編纂に直接関わり、その趣旨を熟知している学者たちによって書かれており、注の内容を詳細に解説するものであった。そこには、注の言葉を分析して学説体系を明らかにしよう、といった研究的態度は見られず、むしろ注の言葉の正当性を説明することに重点が置かれていたと考えられる。

元行沖は開元十七年(七二九)に死んでいるので、天宝修訂本の編纂には関わっていない。石台孝経完成の翌年、天宝五載(七四六)に、『『孝経』の「旧疏」は良く出来ているものだが、完全ではない。今、不足している内容を敷衍して説明したし、深奥で難解な個所で私がはじめて理解できた場合もあり、さらに学者たちとも議論して、適切な解釈が得られていると思うので、集賢院に整理させて、内外に普及させせよ（孝経旧疏、雖粗発明幽晦、探賾無遺猶未能備。今敷暢以広闕文、且妙本逾玄、微言久絶、或怡然独得、或参以諸家、庶弘聖哲之規、用叶君親之義。仍令集賢院、具写送付所司、頒示中外）」という玄宗の勅が出されている（『冊府元亀』巻四十）。勅文を的確に理解することは難しく、今仮に私見で大意を訳述してみた。ここで言う「旧疏」とは、開元本の時に元行沖が作った義疏と考えて間違いなかろう。そうだとすると、天宝五載に玄宗自ら元行沖の義疏を修訂するような議論を行い、それを基に学者たちに整理させて義疏の修訂本が完成した、ということになる。注が修訂されている以上、少なくとも修訂個所に関しては、義疏も修訂が必要となったのは当然であろう。

大変残念なことに、開元本の元行沖の義疏も、天宝修訂本のそれも、既に散逸してしまっている。日本に遺された開元本の玄宗注の写本には、欄外に「疏中」「疏下」という書き込みがあり、開元本玄宗注と一組であった元行沖の義疏三巻のうちの第二巻・第三巻がどこから始まるかを記したものかと思われる。開元本玄宗注を再発見して覆刻した屋代弘賢《やしろひろかた》（後述）は、元行沖の義疏は散逸したが、通行本『十三経注疏』の中の『孝経注疏』の義疏部分は、基本的に元行沖の義疏を踏襲したものであろう、と指摘した。理由の第一は、『孝経注疏』巻頭の「孝経注疏序」に「元疏を裁断し、諸書からも引用して」という文句があるので、「元疏」つまり元行沖の義疏を底本として編集されたことが明らかだということ。第二は、開元本玄宗注を参照することによって、『孝経注疏』の義疏の説明が天宝修訂本の注に合わず、かえって開元本の注に合致している個所があることが確認される。つまり、天宝五載に集賢院によって義疏の修訂が行われ、さらに北宋の邢昺《けいへい》らの手を経て『孝経注疏』に整理するという多段階の変更が加えられたにもかかわらず、元行沖の義疏に対する変更の程度は小さかったと考えられることだった。

この間の事情について丁寧な推論を行ったのが、一九三五年に発表された毛塚栄五郎《けづかえいごろう》の論文「孝経元疏考」である。毛塚は、『孝経注疏』で四カ所(実際は五カ所)に言及されている「制旨」は、天宝時に玄宗が『孝経』の講釈をした記録であり、注の修訂もそれを参照して行われた。『孝経注疏』の中で、天宝修訂本の変更内容を説明している個所や、「制旨」を引用した個所は、当然ながら開元本の元行沖義疏の原文ではなく、集賢院による天宝修訂本の義疏にはじめて加えられた部分であろう、と推測した。私は以前、「制旨」は開元時の玄宗の議論ではないかと疑っていたが、先に引いた天宝五載の勅の「今、不足している内容を敷衍して説明したし、深奥で難解な個所で私がはじめて理解できた場合もあり」云々という部分を見て、それが玄宗の講釈を意味すると考えるのが自然であることから、毛塚の推論が適切だと思うに至った。

現在京都大学に清家文庫(第二章で紹介した清原秀賢を家祖とする舟橋家の旧蔵書)の一種として保存されている開元本の写本には、欄外に疏の書き込みが八カ所あり、元行沖義疏の説を記録したものと考えられている。この写本は、一九六五年に発表された阿部隆一の論文によって、詳細に検討されている。この八カ所の義疏の逸文《いつぶん》は、現行本『孝経注疏』における邢昺の疏とほぼ同内容で、元行沖義疏の特徴を窺うには足りないが、邢昺の疏の校勘には使える。例えば、「開宗明義章」の邢昺の疏では『孝経』の章名について「皇侃標其目而冠於章首」と記されているのに対し、この写本の書き込みでは「皇侃始標其目而不冠於章首」としている。後者は、「皇侃がはじめて章名を使ったが、各章本文のはじめに題名として掲げてはいなかった」という意味で、阿部も指摘するように現行本は「不」の字を脱落させてしまったのだろう。

経典と『経典釈文』の印刷──北宋の整理（一）

唐王朝が滅んだ後、南北で短命王朝がいくつか続き、五代十国あるいは簡単に五代と称される。五代で言えば二代目に当たる後唐《こうとう》の長興三年(九三二)に、儒教経典の石経に注を付けて校勘したものを木版に彫って印刷することが命じられ、五代目の後周《こうしゅう》の広順三年(九五三)に完成した。依拠した石経は唐の開成石経である。開成石経は経文だけで、注が省略されているので、注を挿入していく必要があった。これが、儒教経典が印刷された始めであり、その後の儒教経典の版本は、いずれもこの五代監本《かんぽん》(国子監でつくられたので「監本」と言う)を祖本としている。当時、呉や蜀の民間で各種の木版印刷が行われていたものの、経典の印刷は行われていないのを見て、後唐の宰相だった馮道《ふうどう》が、朝廷で経典の印刷を行うことを建議した。現在の国力では、漢や唐のように石経を作ることは難しいが、木版なら作れるし、印刷して普及させれば、文化事業として極めて有効でしょう、と奏上して認められたという。

この時印刷された経典は「九経」とされている。『五経正義』に選ばれた『易』『尚書』『詩経』『礼記』『春秋左氏伝』の五経に、『周礼』『儀礼』『春秋公羊伝』『春秋穀梁伝』を合わせたものと考えられる。『孝経』は含まれないので、この時『孝経』も印刷されたかどうかは分からない。「九経」の校勘・刊行は、後唐から後周まで、王朝交代を超えた継続的事業として行われた。北宋王朝は、後周を乗っ取る形で建国したので、五代監本「九経」はそのまま北宋監本となった。ただし、北宋は北宋で、それらの版本に対して繰り返し校勘を行い、文字の修正を続けている。

「九経」が完成した後、顕徳二年(九五五)には『経典釈文』三十巻の校勘・版刻・印刷が命じられた。『経典釈文』については既に紹介したが、儒教経典十二部と『老子』『荘子』の合わせて十四部について、各種伝本の文字の異同を記し、読み方や意味の解説を添えたもので、儒教経典の校勘においては最も基本となる重要な情報源だが、それだけに、『経典釈文』そのものの校勘は、経典の校勘以上に難しい事業となる。記録によれば、唐の開成元年(八三六)にも集賢院による校勘が一度行われていた。顕徳二年に校勘されたのは「序録」と『易』『尚書』

『周礼』『儀礼』の部分だけで、その後『礼記』と『春秋左氏伝』『春秋公羊伝』『春秋穀梁伝』『詩経』の部分の校勘が行われた。『礼記』部分の校勘が完成して献上されたのは、北宋に入った建隆三年（九六二）であった。『孝経』『論語』『爾雅』の部分が完成し献上されたのは、開宝五年（九七二）である。

現存する南宋刊本の『経典釈文』は、十四部の経典全て揃った三十巻として独立したものと、それぞれの経典の刊本の後ろに『経典釈文』の当該部分だけを付録したものと二種類に分かれる。この章のはじめに紹介した北宋天聖明道本『孝経』は、巻末に「孝経音略」が付録されているが、僅か三行の簡単なものに過ぎない。幸い、三十巻の南宋刊本があるので、『孝経』部分の状況が分かる。

『経典釈文』第一巻の「条例」は編纂にあたっての凡例だが、そこでは文字の異同や読音・意味を解説するのに当たって、原文を全部書けば冗長になるから、篇名の下に問題とする個所だけ抜き出して書いていき、経文は黒字、注は赤字で区別した、と言う。墨と朱を使い分けるのは、写本の時代では割とよく使われた方法だが、転写の際には面倒を避けて全部墨で書写されることが多かっただろうし、木版印刷の二色刷りはさらに難しいので、経文と注の区別は宋代以降分かりにくくなってしまった。「条例」はさらに、『孝経』は幼少期に初めて学ぶものだから、抜き書きではなく全文を載せた、と言うが、現在の南宋刊本は既に他の経典同様の抜き書きになっている。

宋代の学者たちが『経典釈文』の『孝経』部分を校勘整理した際には、そうした形式的・技術的問題以外に、根本的な大問題が一つあった。それは、『経典釈文』が底本としていたのは鄭注であったのに対し、五代・北宋の頃に読まれていたのは玄宗注で、鄭注はほとんど絶滅していたことだ。底本の注が違えば、その文字の異同や解説は参考にならないどころか、読者を混乱させてしまう。そこで、宋代の学者たちは、『経典釈文』の内容を玄宗注と比較し、玄宗注に無い表現・文字については「本今無」、玄宗注では文字が違う場合には「本今作×」という説明を付け加えていった。したがって、南宋刊本の『経典釈文』は、各巻のはじめに唐の陸徳明撰と明記しているものの、その中には北宋の学者による北宋の読者に向けた説明も含まれている。

邢昺疏——北宋の整理(二)

「九経」をはじめとする儒教経典と『経典釈文』の次に北宋朝廷が校勘・刊刻・印刷を進めたのは、諸経典の義疏であった。これも、経典と『経典釈文』同様、『五経正義』が先に完成させられ、咸平《かんぺい》三年(一〇〇〇)に残る七経の義疏の整理が邢昺らに命ぜられ、翌四年に完成・献上された。七経のうち、『周礼』『儀礼』『春秋公羊伝』『春秋穀梁伝』は『五経正義』と同様、唐代の義疏を校定するだけでよかったが、『孝経』『論語』『爾雅』はそのまま使える既成の義疏が無かったので、内容を編集する必要があった。

先に見たように、『孝経』には既に唐代に元行沖の義疏があり、天宝期に集賢院による修訂も経ていたから、天宝修訂本の玄宗注『孝経』の義疏として問題無いはずのものだった。また、邢昺らの再編集を経た現在の『孝経注疏』の内容は、実はだいたいにおいて元行沖の義疏を踏襲するものであることも、前述の通り。では、何故それを使わずに、再編集せよ、ということになったのか？　集賢院の修訂を経た元行沖の義疏は、北宋初期においてほとんど読まれておらず、さほど重要な権威あるものと見られていなかったからではないかと私は推測する。

邢昺の疏には、疑問が多い。まず、北宋・南宋の版本が遺されていない。南宋時代に普及していたことは確かで、朱子の弟子たちが編集した『儀礼経伝通解続《ぎらいけいでんつうかいぞく》』に引用されたことによって、後世の版本の脱文を補える個所もある。しかし、現存最古の版本は、北京図書館に収蔵されている元の泰定三年(一三二六)刊の『孝経注疏』で、近年中国で影印本が出版されている。福建で作られた十行本注疏と呼ばれる体裁で、『礼記注疏』など主要な経典については、南宋中期に民間で編集・刊行されたものが、元代におそらく公的機関によって覆刻されている。『孝経注疏』も同様に南宋中期の版があったのかもしれないが、元代にはじめて編集刊行された可能性も否定できない。その後、各種の『十三経注疏』に収められた『孝経注疏』は、いずれもこの泰定三年版から派生している。

『孝経注疏』の巻頭には、「孝経注疏序」と題した七十五文字の説明があり、先述の屋代弘賢が引用した「元疏を裁断し、諸書からも引用して」という文句もそこに見えるが、その前には「注疏に詳細な解説があるが、分かり難いので」とあり、その後ろに「講釈の通り逐一解説し、これを『講義』と名付ける」と言って終わっている。この説明を見る限り、その内容は『注疏』とは別の『講義』という名前の本であることになる。「注疏序」と言いながら、『講義』の序になっていて、その文章も極めて浅薄なものだから、勅命編纂者が書いたものとはとうてい思われない。その次に邢昺が「勅を奉じて注疏を校定した」という署名があるのは良いとして、さらにその次に「成都府学主郷貢傅注奉右撰」という署名が入って、以下『孝経』の何とも通俗的な紹介が四百五十字余り。この十行本『孝経注疏』は、このような前書きを付けて成都で刊行されていた玄宗注『孝経』を、邢昺の疏と組み合わせて編集刊行されたものではないか、と推測する説もある。いずれにしても、巻頭の二つの説明文は、邢昺の疏とは本来関係の無いものと考えておきたい。

元行沖の義疏の開元本も、天宝年間の集賢院の修訂本も散逸してしまった現在、邢昺の疏は、他では見られない唐代の議論を保存してくれているという点でかけがえのない資料だ。先に触れた「制旨」の引用五カ所は、玄宗皇帝の講釈がどのようなものだったか窺うことができる貴重なもの。ちなみに、これら五ヵ所のうち「広要道章」の引用個所は、明代の『十三経注疏』版本が「制旨曰」を憶測で「楽記云」と書き換えて、別の本が典拠であるかのようにしてしまったので、清代以降の議論では「制旨」の引用が四ヵ所とされる場合がある。他に、「庶人章」では、「鄭曰」として玄宗注の解釈に疑問を呈した意見と、「答曰」として玄宗注を擁護する立場からその疑問に答えた詳細な問答が二回続けられており、玄宗朝における議論の実例として非常に興味深い。

開元本は日本にのみ遺る——文献伝承における「累積」と「上書き」

天宝年間に修訂され、石台孝経としてテキストが固定されてから、修訂以前の開元本の玄宗注は消滅してしまった。元行沖の義疏も、天宝年間に集賢院で修訂され、北宋で邢昺らによって整理され、開元本の原作は跡形も無い。文献が物質として保存されるのではなく、無形の文化資源として社会的に継承されるものだと考えれば、朝廷による修訂がそれ以前の文献を上書きし、新しい形だけが伝承されていくのは、自然なことと言えよう。逆に考えれば、開元本の玄宗注が日本にだけ遺ったのは、日本が唐王朝の文化政策の影響を直接には受けない社会だったからだとも言える。

開元本の玄宗注『孝経』は、屋代弘賢によって再発見された。塙保己一《はなわほきいち》に学んで『群書類《ぐんしょるい》

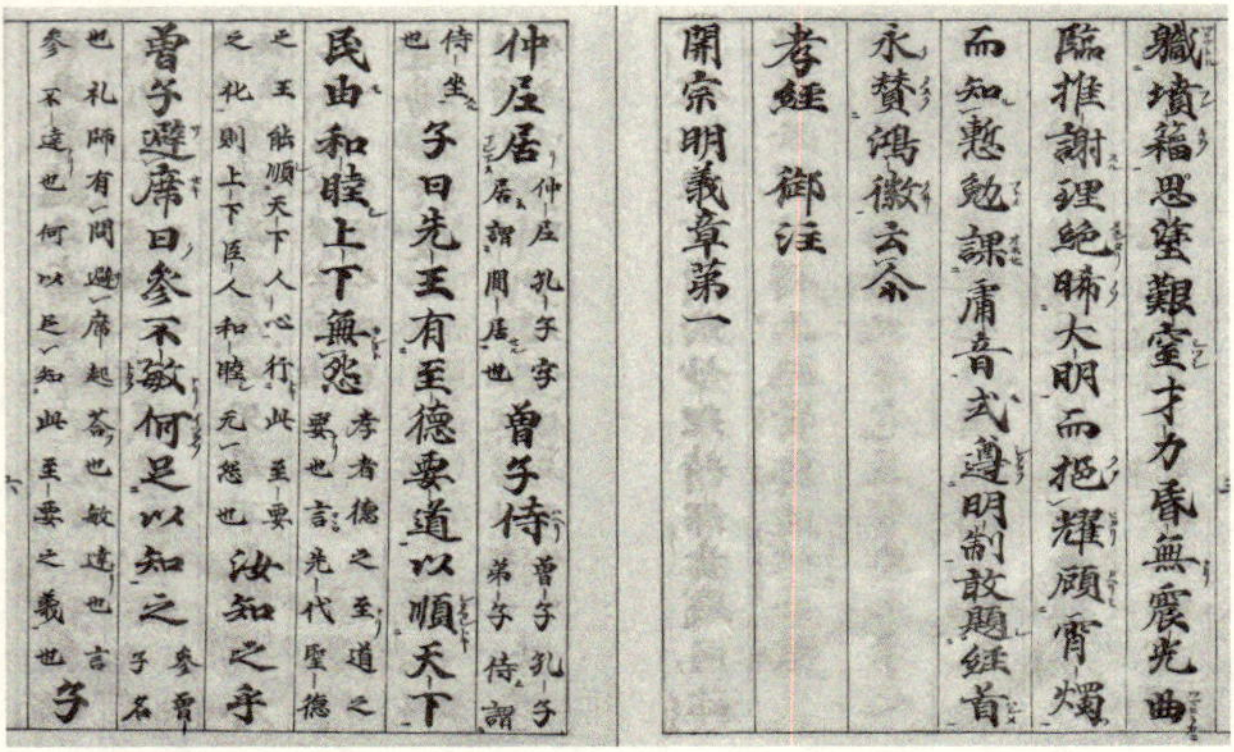
職壙籀思塋艱窒才力罙無震光由
臨推謝理絶睎大明而抱耀顧宵燭
而知愳勉課肅音式遵明制敢題經首
永贊鴻徽云尒
孝経　御注
開宗明義章第一
仲尼居 仲尼孔子字 居謂閒居也 曾子侍 曾子孔子弟子侍謂侍坐也
子曰先王有至德要道以順天下
民用和睦上下無怨 孝者德之至道之要也言先代聖德之主能順天下人心行此至要之化則上下臣人和睦無怨也
汝知之乎 參曾子名也禮師有問避席起答也敏達也言參不達也何以足知此至要之義也
曾子避席曰參不敏何足以知之
子

図９　屋代弘賢覆刻開元本『孝経』．元行沖の「序」が終わり，本文が始まる部分

従《じゅう》』の編纂にも関わった国学者であり、蔵書家でもあった屋代が牛込門外の本屋で買ったという巻物は、享禄四年（一五三一）に三条西実隆《さんじょうにしさねたか》が書写したもので、三条西実隆が見たのは後小松天皇の御読書始のために三条公忠《きんただ》が書写したものだという。屋代弘賢は、寛政十二年（一八〇〇）に跋を書いて、この写本の精妙な影刻本を作った（図９）。林述斎が『佚存叢書』の第一種『古文孝経』を印行した翌年である。返り点・仮名・欄外の書き込みから虫食いの跡まで、まるで写本そのものと思われる優れた版刻は、多くの書道作品を木版にした名工井上慶寿《いのうえけいじゅ》の手に出る。既に紹介した、文政九年（一八二六）に北宋刊本の影刻本を作った狩谷棭斎は屋代弘賢の弟子だ。あちらは天宝修訂本に基づくから、師弟で玄宗注『孝経』の二系統の最善最美の版本を作ったことになる。この二部に文政六

年に阿部正精が影刻した『古文孝経』孔安国伝を加えた三部を合わせれば、『孝経』の歴史を知るうえで最も基本となるべき三種の経文・注文の内容と、江戸後期の文献学と出版技術の高度の発達を同時に観察できるので、愛書家の鑑賞玩味に堪える。

屋代弘賢の影刻本は、明治十七年(一八八四)に覆刻されて『古逸叢書《こいつそうしょ》』に収められ、中国にも広く知られるようになったほか、明治二十四年には三条公美《きみよし》の覆刻本もある。現在では、国立公文書館(内閣文庫)や早稲田大学図書館などのウェブサイトで屋代本の画像を簡単に見ることができる。三条西実隆写本の現物は、三の丸尚蔵館に収められている。

開元本の一見明らかな特徴は、巻頭に元行沖の序があること。この序は、開元時の編纂過程を記す貴重なものだが、天宝年間に玄宗の石台孝経序が書かれると、その後の玄宗注版本は全てこの玄宗の序を巻頭に掲げ、元行沖の序は全く見られなくなっていた。本文について言えば、天宝修訂本との差異が問題となる。近代以降の開元本に関する議論は、ほとんど全て屋代の影刻本か『古逸叢書』本に拠っていたが、もとは写本であるから、誤字脱字衍字《えんじ》などは免れない。狩谷棭斎の弟子であった渋江抽斎《しぶえちゅうさい》は、天保十二年(一八四一)に三条西実隆写本とは全く別の開元本の写本を見て、屋代本との異同を記録していた。渋江抽斎が見たその写本こそ、阿部隆一が紹介した清家文庫蔵本であった。来源が異なる両者を比較することによって、三条西実隆写本の誤字脱字衍字を推定することができる。

現在知られている開元本の古写本は、清家文庫のものと三条西実隆写本の二つしかないが、他に巻頭に玄宗の序と元行沖の序の両者を掲げる写本が少なからず存在する。これは、天宝修訂本が写本で伝承される過程で、開元本の元行沖序が取り入れられたもの。私見だが、異なる写本の情報が追加累積されていく所に、儒教経典の日本古写本の特徴があるように思う。例えば奥書は、本来は写本を作った関係者の記録だが、後にその写本を転写する人は、底本の奥書を全て写した上で、必要があれば自分の奥書を加える。したがって、百年以上離れた人の記録が併記されている場合が多い。本文の文字や訓読なども、一つの写本に多数の異文と複数の訓読が注記されるのが普通で、それは伝承の過程で複数の人間による書き込みが行われ、新旧の書き込みが一緒になってさらに転写されていくからだ。平安時代以来の世襲博士家では、先祖伝来の経典の文字と訓読が伝承されたが、他の博士家の伝本や宋代の民間の刊本なども参照して、自家伝承の写本の上に異文・訓読等の情報が書き加えられていった。それらの書き込みの一つ一つについて、その来源を特定するのは困難な場合が多く、歴史文献学の資料として活用するのは非常に難しいが、それでもそうして多様で豊富な情報が累積されてきたことは、大変意義深い。

中国における儒教経典の伝承は、基本的に「上書き更新」の形になる。玄宗注が公布されれば鄭注は忘れられ、天宝修訂本が公布されれば開元本は忘れられる。元行沖の義疏は集賢院の修訂本に取って代わられ、集賢院の修訂本は邢昺の疏に取って代わられる。邢昺の疏も、単独の形では後世に遺らず、現存するのは泰定三年版以降の注疏だけだ。現実の政治的情勢の中で、科挙対策といった実用的利用価値が強く意識されていたことを考えれば、古い情報が軽視されるのは当然とも言えよう。現在の日本に譬えて言えば、文科省の「指導要領」も受験情勢も変わっているのに、二十年前の受験参考書を使って勉強する学生は居ないだろう、ということだ。

ただし、日本古代においても、古い情報が上書きされる事例はあった。京都から鎌倉に下って幕府将軍や北条氏に漢学を伝授した清原教隆は、それまで諸家に伝えられていた『孝経』が、多く古字をまじえていて文字の混乱が大きく、唐では既に古字を今字に改めていることから、本文を全て今字に改め、古字は極く一部に見本として傍注するに留めた。これによって、鎌倉において伝承された『古文孝経』は、全て現在通行の文字となり、京都においてもしだいに古字が駆逐されるに至った。清原氏は朝廷の博士官を世襲していたが、清原教隆とその子孫たちは、鎌倉の武士たちに漢学を教え始めた。鎌倉の武士たちは、伝統文化を伝承しようとしたのではなく、よりよい政治を行うために漢学を学ぼうとしていた。つまり、内容を理解することが重要だったのであり、細かな文字の異同や漢字音読の微細な区別などには興味を持たなかった。この実用主義は、中国の状況に通じるものがある。実用に重点が置かれる場合、些末な情報はむしろ理解を妨げるだけだから、伝統ある古い特殊な字形が、分かり易い常用の字形に置き換えられたのも当然であろう。

鄭注・孔伝から御注へ

石台孝経の玄宗の序は、鄭注・孔伝を代表とする旧来の注釈が冗漫で要領を得ていないことを批判した上で、「至当な結論は一つであり、核心的意義は二つあったりはしない（至当帰一、精義無二）」、「理論的に正確であればよいのだから、他人の説を借りる必要は無い（在理或当、何必求人）」などと述べていた。これは、歴史ある旧来の注を捨てて自ら新たな注を作ることを正当化したものだが、それだけではなく、玄宗注は確かに適切な内容を簡明に解釈しようという態度に貫かれている。したがって、鄭注が経文の文脈関係や他の経書との関係に拘って、深読みの解釈をしている部分や、孔伝が『管子』などを利用して、経文の意義を敷衍した内容などは、ほとんど採用していない。内容的には、臣下・子弟の君主・父兄に対する絶対的忠勤を核心的意義と捉えたため、鄭注が君臣関係の破棄・解消に関する内容として理解した説や、孔伝が君主・父兄が臣下・子弟を優遇しなければ臣下・子弟の忠勤は期待できないとした説は、全て採用していない。結果として、単純で分かり易く、内容的にも宋代から現在に至るまでの儒教倫理によく馴染むものになっている。

逆に言えば、唐代以前の儒教倫理は、宋代以降の常識とは違っていた。倫理思想は、時間をかけて変化する。玄宗の時代に、君主・父兄に対する絶対的忠勤を重視する思想が既に存在したからこそ、玄宗注はこのような内容になったのだろうが、その玄宗注が、さらにそうした思想を普及させたことも確かだろう。いずれにしても、君主・父兄に対する絶対的忠勤を核心とした点で、玄宗注は鄭注・孔伝と明らかに異なるものであり、そこに儒教倫理思想の大きな変化を見ることができる。

玄宗注に独特の具体的解釈を一例挙げよう。「庶人章」の「孝無終始、而患不及者、未之有也」という部分は、従来から解釈が分かれる所で、鄭注は「始終間断なく孝に努めれば、災いが自分の身に降りかかってくることがない。何と素晴らしいことではないか」、孔伝は「孝を尽くさなければ、必ずや災いに見舞われる」、玄宗注は「天子から庶民まで、身分に関わらず、孝を尽くそうと思えば誰にでもできるのだ」という解釈。鄭注も孔伝も、「患不及」を「災いが自分の所にまでやってこない」という意味で理解するが、玄宗注は「患不及」を「ちゃんとできないことを憂慮する」という意味で理解する。玄宗注は完全なる独創ではなく、晋代の学者の説を基にしているとは言うものの、『春秋左氏伝』などで「及」という字が単独で「災いが身に及ぶ」という意味で使われている多くの例（岩本憲司『春秋学用語集三編』参照）を考えれば鄭注・孔伝の理解が自然で、玄宗注の理解には無理がある。前々項で邢昺の疏に「鄭曰」「答曰」の問答が二回続けられていると紹介したのが正にこの問題で、疑義が呈されて当然の個所であった。かつては「鄭曰」の部分を鄭玄の説とする学者も居たし、そうではなくて鄭注擁護者の説だとする学者も居たが、内容的には鄭注・孔伝共通の伝統的解釈の立場から玄宗注に疑義を呈したものなので、「鄭」と鄭玄を結びつけるのは不適切だ。

『孝経』は本来、統治者階層の人々に読まれるべきものであった。鄭注・孔伝の解釈はいずれも、人の心の自然な働きを前提として、上に立つ者が下の者を大事にすれば、下の者も上の者に従い、社会秩序が安定する、という理屈を考えていた。その根底には、民衆は河の流れや獣の群れと同じで、氾濫や暴動を防ぐためには、自然の理に従って上手く誘導してやることが大事だ、という考え方がある。それに対して玄宗注は、全人民に対して、孝を尽くす努力をしなければならない、ひいては君主・父兄に忠勤を尽くさねばならない、という道徳的義務を課すものであった。既成の倫理が前提とされて、その達成に向けた努力が全ての人に強制されるようになったものであり、近代になって徹底的に批判された「封建思想」の重苦しさが、ここに感じられる。しかし、それはある意味では、民衆も思想を持った人格として認められるようになってきた、ということでもあった。

第四章 使われる経典に

――宋から明清へ

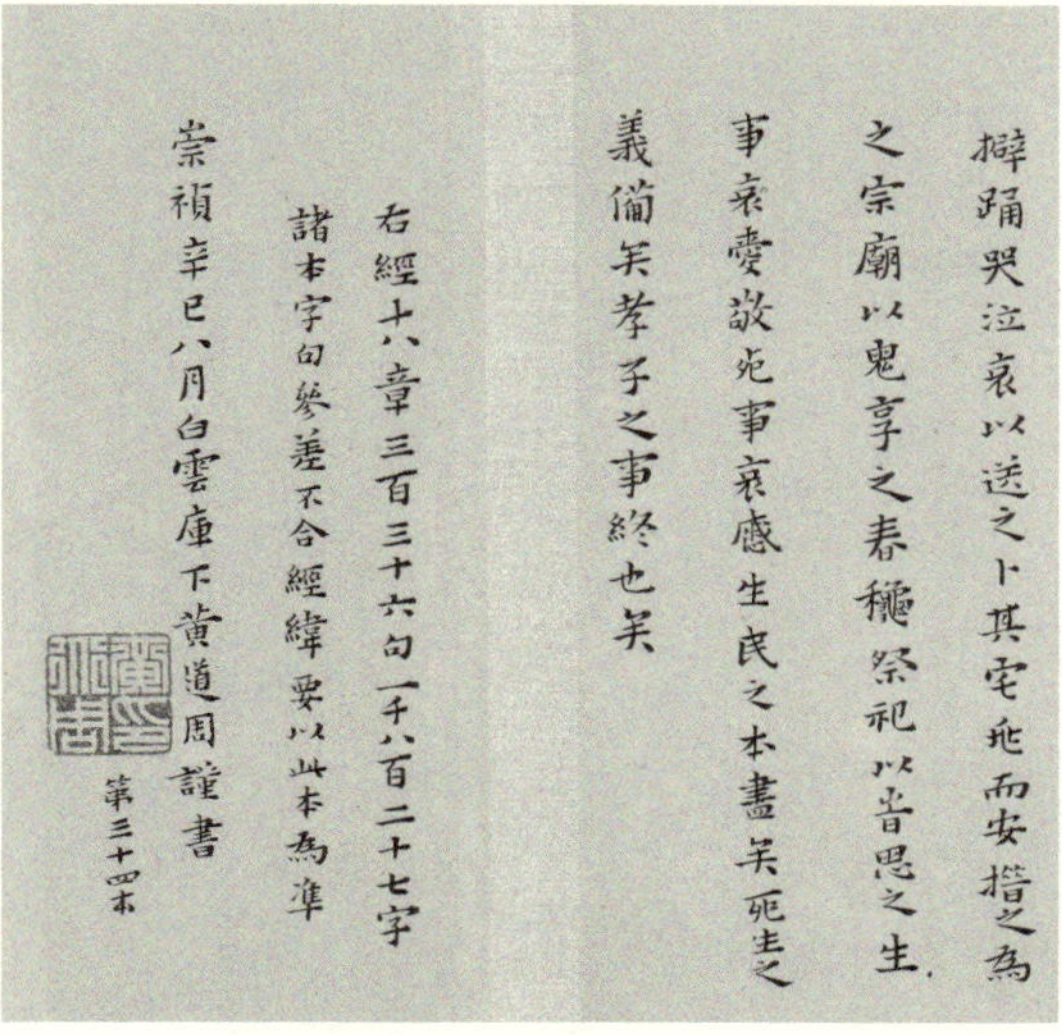
擗踊哭泣哀以送之卜其宅兆而安措之為
之宗廟以鬼享之春秋祭祀以時思之生
事哀愛敬死事哀慼生民之本盡矣死生之
義備矣孝子之事終也矣
右經十八章三百三十六句一千八百二十七字
諸本字句參差不合經緯要以此本為準
崇禎辛巳八月白雲庫下黄道周謹書
第三十四本

黄道周抄本『孝経』

古文の復活

中国の古典籍には、五代時代(九〇七〜九六〇年)に散逸したとされるものが多い。では、『孝経』の鄭玄注と孔安国伝も、五代時代に散逸したのだろうか? 一般には、唐代の図書目録に見える文献で、宋代(九六〇〜一二七九年)以降に所蔵・利用された記録が遺っていないものが、五代時代に散逸したと言われているだけで、宋代以降本当に絶滅したという証明は不可能だ。短命な王朝が次々に興った乱世なので、文献も多く破壊されただろうという想像があるが、王朝交代にもかかわらず国子監が継続的に経典の校勘・刊刻を行っていたことは前章に見たとおり。

実態として、玄宗注の成立以後、鄭注・孔伝が参考にされた形跡はほとんど無い。石台孝経と開成石経は五代・北宋においても権威を持つものとして受け容れられ、北宋朝廷も玄宗注を標準注釈とし、天宝期に集賢院の修訂を経た元行沖の義疏を基に邢昺が整理した義疏が標準解説書となった。そんな状況のなか、司馬光は朝廷の図書館に、経文だけの『古文孝経』が所蔵されているのを発見した。そこで、玄宗注を参考に『古文孝経』本文を解釈し、玄宗注を修正・補足する説明を加え、本文の文字も通行の字体に直して読みやすくして、仁宗《じんそう》皇帝に献上した。『古文孝経指解《しかい》』と呼ばれる書物だ。

その時期については、皇祐年間（一〇四九～一〇五四年）、至和元年（一〇五四）、嘉祐元年（一〇五六）と三つの異なる説があるが、献上といっても準備から朝廷側の処理までは時間の幅があるし、至和元年は皇祐六年の途中から始まり、嘉祐元年は至和三年の途中から始まっているので、前後の時間差は大きくない。おそらくその少し前の皇祐四年（一〇五二）十二月、仁宗が宮中の邇英閣《じえいかく》で『尚書』「無逸篇《むいつ》」の勉強会をしていた際、宮中にその「無逸篇」の内容を絵画化したものがあるので、それを皇帝の御座の後ろに置いてはどうか、と提案する者があった。これに対して仁宗は、経典の言葉に背を向けるのは畏れ多いとして、この『無逸図』は御座の左手に置き、右手には『孝経』の「天子」「孝治」「聖治」「広要道」四章の図を置くことにさせた。さらに『無逸図』には王洙《おうしゅ》に、『孝経図』には蔡襄《さいじょう》に、経文を書かせた。蔡襄は書家としても非常に有名（「宋の四大家」の一人）で、現在でもその書跡は高く評価されている。この一件が、司馬光の『古文孝経指解』献上のきっかけとなったのかもしれない。

その後、仁宗が亡くなり、後を継いだ英宗《えいそう》も数年で亡くなると、神宗《しんそう》の時代（一〇六七～一〇八五年）が二十年近く続く。神宗は、王安石《おうあんせき》に政治を主導させ、各種の改革を行った。文人官僚が皇帝の絶大な信頼を得て、二人三脚で積極的な改革政策を展開したことは、後世の文人から見て理想的で、近代の学者でも北宋を理想の時代と考える人が少なくなかった。司馬光は、王安石らの改革政策に反対し、政権中枢を離れて歴史書『資治通鑑《しじつがん》』を編纂した。簡単に言えば、司馬光は保守的思想の持主で、革新思想の王安石とは相い容れなかった。元豊八年(一〇八五)三月に神宗皇帝が亡くなり、その跡を継いで幼い哲宗《てっそう》が即位すると、司馬光は十二月に『古文孝経指解』を再び献上した。翌元祐元年には王安石と司馬光が前後して亡くなり、元祐二年、范祖禹《はんそう》が王洙・蔡襄の『無逸図』『孝経図』を再び御座の脇に掲げることを乞うて、認められた。そして元祐三年八月には范祖禹が司馬光の整理した『古文孝経』を再度哲宗に献上している。この時に、范祖禹は自らも各章の主旨を論評した解説を書いており、『古文孝経説』と呼ばれる。范祖禹は、司馬光が『資治通鑑』を編纂した際の最も重要な助手でもあり、司馬光の弟子と言ってもよい。

司馬光が前後三十年を隔てて二度『古文孝経』を献上したことは、表面的には司馬光の政治活動の浮沈と連動している。しかし、神宗の時代に蔡襄が揮毫した『孝経図』がいったんお蔵入りとなっていたらしいことも合わせて考えれば、それは単なる政治勢力の問題ではなく、むしろ神宗・王安石の改革精神と『孝経』とは相性が良くなかったのではないかと思われる。明末に『孝経』を重視した人々の間では、王安石が科挙の試験科目から『孝経』を外したために、その後『孝経』が軽視される時代が続いてしまった、と批判するのがお決まりになっている。今文と古文とを問わず、『孝経』は本質的に変化を嫌い、安定を目指し、秩序の永続不変を理想とするものだった。一方、新政を推進した王安石は、「代々の先帝たちのしきたりを守る必要は無い（祖宗不足法）」と言ったとされている。保守的な司馬光は『孝経』を重視し、革新的な神宗・王安石は『孝経』を重視しなかったと言えるのだろう。

古文の分章・章順序

『孝経』も含めて儒教経典の今文・古文を区別するとき、もともとは、通用の字体で書かれているから「今文」、古い字体で書かれているから「古文」と言ったわけだが、司馬光も言うように、古文は漢代に既に難読であり、それを伝習するに当たっては、通用の字体に直したものが使われた。したがって、一般には今文と古文に字体の違いは無く、単に来源が異なるテキストであることを示したに過ぎない。しかし、特殊な字体に興味を持つ人は居るわけで、特に『孝経』のように短い経典であってみれば、それを古びた奇怪な字体で書こうと試みる者が現れるのも不思議ではない。唐代には、韓愈《かんゆ》が「科斗書《かとしょ》」（おたまじゃくし字体）と呼ばれる字体で書かれた『孝経』の存在を記録している。司馬光より早く、郭忠恕《かくちゅうじょ》という人物が編集した『汗簡《かんかん》』という漢字字体カタログに採録されている『古文孝経』も、司馬光が見た『古文孝経』も、おそらくは唐代の好事家によって奇怪な字体で書かれたものであった。

かくして司馬光は、的確にも、字体は無視できると判断した。その結果、『古文孝経』が通行する玄宗注の『今文孝経』と異なるのは、僅かな文字の出入りを除けば、章の分け方と順序に過ぎなかった。司馬光『古文孝経指解』と范祖禹『古文孝経説』は、単行本が遺されておらず、現在一般に通行しているのは清代前期の『通志《つうし》堂経解《どうけいかい》』という叢書に収められたもので、玄宗注と司馬光の説と范祖禹の説が合編されている。玄宗注はもとより『今文孝経』だが、それでも三説合編できているのは、今文と古文との間の文字の差異がほとんど無いからだ。

この『通志堂経解』の合編本は、『孝経』各章の章題が無く、分章個所が改行されているだけだが、章の分け方と章の順序は、日本伝承の『古文孝経』と同じだ。分章個所は『漢書』「藝文志」の注や『経典釈文』の記載とも合致し、章の順序は「応感章」が「広揚名章」の前に入り、「広揚名章」の後ろに『今文孝経』に無い「閨門章」がある。合編本の分章個所が単に改行だけであれば、伝承の過程で変化が生じた可能性もありえるが、范祖禹の説は各章末に一つの短評の形式になって置かれているから、合編本の分章は司馬光・范祖禹当時の分章と一致していると考えて間違いない。つまり、司馬光が再発見した『古文孝経』は、隋の劉炫や唐の劉知幾らが伝えたものと同じであり、漢代や魏晋の頃の『古文孝経』が新たに発見されたというようなものではない。

注から評へ

司馬光の『指解』も范祖禹の『説』も、『孝経』の注釈書には違いない。しかし、その注釈の在り方は、鄭注や玄宗注とは大いに異なる。既に何度か述べたように、注は経文と一体化し、経文の間に割注で挿入されて、その個所の経文が、どのような文脈で、どのような言葉を使って、どのような意味を表現しているのかを確定していく。逆に言えば、経文の言葉や文や文脈は、注によって規定されているので、経文と注の間には極めて密接な論理的関係が成り立っている。そうなれば、経文の文字の変化の余地は限られてくる。

司馬光は、自ら注を作ろうという意図を持っていない。既に玄宗注があり、基本的な解釈は完成しているし、それが十分普及している。ただ、個別の思想理解において、玄宗注では不適切あるいは不十分と思われる個所があるので、そこは指摘していくというに過ぎない。司馬光自身、『古文孝経』を『今文孝経』と対立するものとは全く考えていない。両者の間で分章と章順序は明らかに異なり、鄭注と孔伝の解釈は、それぞれ今文と古文の分章・章順序を前提にしてはじめて成り立つものであった。しかし、玄宗注は分章・章順序の差異を全く問題にせず、『孝経』今文・古文の対立は既に解消していた。したがって、孔伝が既に散逸していた状況で、玄宗注は『古文孝経』の注としても流用することが十分可能になった。ということは、司馬光が特に『古文孝経』を仁宗や哲宗に献上したのは、同じ『孝経』なのだから、唐の玄宗注の今文よりも、漢の孔安国が伝えたと言われる古文の方が有難味がある、という程度のことに過ぎない。

司馬光の『指解』序は、自分が玄宗注を修正・補足する意見を提起することを、弓で的を射ることに譬えた。一人が射るよりも、大勢で射た方が、当たる確率が高いだろうから、と言う。下手な鉄砲も数撃ちゃ当たるという謙遜(『呂氏春秋』にも見える表現)だが、それは司馬光が玄宗と同じ的を狙っていたという意味でもある。司馬光も范祖禹も、自ら経文の言葉に切り込んで、玄宗注とは別の新たな注を書く必要を感じず、単に論評を加えるに止まった。鄭玄のように、経文から予想外の新たな意義を引き出すという試みは既に無く、経文は既成の思想によって論評されるだけの存在になっていた。そして、経文だけで再発見された『古文孝経』は、今文の玄宗注と司馬光・范祖禹の評によって、かろうじてテキストの安定性を維持することができた。

鄭注と孔伝の散逸

司馬光は、朝廷の図書館には『古文孝経』の他に鄭注もある、と言っている。第一章で紹介した『宋史』の記事に、日本の僧奝然が『孝経』鄭注を献上したとあるので、司馬光が見たのはその本ではないか、という説もあるが詳細は不明。司馬光は鄭注には興味を引かれなかったらしく、その内容について一言も触れていない。司馬光のみならず、その後も鄭注を読んだという記録は見られない。ところが、南宋の乾道《けんどう》年間(一一六五〜一一七三年)に、熊克《ゆうこく》が袁枢《えんすう》から入手した鄭注を鎮江で刊行した本が、『直斎書録解題』という南宋の蔵書目録に著録されているから、これは実在したものらしい。

実は、熊克という人物は、他にも貴重な典籍を刊行している。まず、乾道六年（一一七〇）に鎮江府学教授となり、晁説之《ちょうえつし》が書写した王弼の『老子』注を入手して刊行したという。当時、『老子』は玄宗注が普及しており、王弼注はなかなかお目にかかれないものであった。この状況は、『孝経』と共通する。乾道八年には、唐の成伯璵《せいはくよ》『毛詩指説《もうししせつ》』を刊行している。淳熙《じゅんき》二年（一一七五）には熊克が入手して刊行する予定だった蜀本『三礼図《さんらいず》』も刊行され、こちらは北京図書館に現存している。南宋（一一二七〜一二七九年）の初め三十年あまりは、金の攻撃を受けて首都を開封から杭州に移した新王朝で、書籍の供給も困難であったため、朝廷が杭州一帯の行政諸機関に命じて最も基本となる典籍を刊行させた。その作業が一通り落ち着いて、地方官が自分の判断で価値あると思う典籍を刊行するようになったのが、正に乾道年間であった。さらに鎮江府では、乾道年間に玄宗の石台孝経の複製も行っており、熊克もそれに参与しているから、『孝経』とは縁が深い。

残念ながら熊克の刊行した『孝経』鄭注はほとんど読まれなかったようで、他の学者たちの言及が見られない。一般に、宋代の学者は、漢代の注釈を特に価値あるものとは思っていない。経典の伝承者として歴史上重要な役割を果たした、古い時代の学者たちであるだけに、より古い経典の言葉の理解の点で参考にすべき説を遺しているのは確かだが、全体として経典の内容を的確に理解できていない場合が多い、という印象が持たれていたようだ。『孝経』鄭注は、その解釈自体が難解で、内容的にも君臣関係を相対化する思想を含んでいたから、宋代の学者たちが重視しなかったのは自然なことだろう。この後、『孝経』鄭注は完全に散逸してしまったと思われる。

それでは孔伝はと言えば、こちらは司馬光も目にしておらず、五代・北宋で孔伝を見たという記録も知られていないから、鄭注より早く散逸していたと思われる。『古文尚書』の孔伝のように簡明な注であれば、おそらく広く読まれ、長く伝えられたことであろう。いかんせん『孝経』の孔伝のほうは、あまりにも冗長であった。既に唐の開元年間に伝習する者が少ないと言われており、敦煌から鄭注が複数出土しているのに、孔伝は全く見られない。民間でも伝習されなかったものが、宮中図書館でも処分されてしまえば、後世に遺る可能性は無い。

こうして、孔伝・鄭注共に散逸し、宋代以降見ることができる『孝経』は、天宝年間に修訂された玄宗注の『今文孝経』と、孔伝無しで本文も転写のたびに変化し易い『古文孝経』だけとなった。

朱子の『孝経刊誤』

司馬光・范祖禹は分章や章順序の違いに大きな意味があるとは思っていないので、古文も今文も大同小異としていた。経典の解釈は、経文の言葉をどう理解するかということに尽きるのであり、章構成の違いによって文の意味が変わったりするとは考えられていない。玄宗注が既にそういう態度だった。

しかし、ごく普通に経文の言葉の意味を理解して、それぞれの章の趣旨を確認していくと、『孝経』の分章や章順序は、今文の十八章にせよ古文の二十二章にせよ、論理的にすっきりしていない。章と章の関係や全体の構成が合理的に理解できない。それを問題にし、その解消を試みたのが朱子だった。

朱子は各種経典の内容を熟知していたから、例えば『孝経』と『春秋左氏伝』の中に同じ言葉や表現がある個所は、両者を比較して、『孝経』が『春秋左氏伝』の言葉を流用したものだろうと推論している。また、『孝経』が各章末尾に頻繁に『尚書』や『詩経』を引用しているのも、孔子や曾子ではなく後世の人間が加えたものだろう、と推測した。『孝経』は伝統ある儒教経典だが、そのテキストは混乱している。だから、経典として整えなおす必要がある、と朱子は考えた。『孝経刊誤《かんご》』という題名は、後世の伝承者によって加えられた「誤り」を「刊《けず》る」という意味で、第三章で紹介した隋の劉炫の『攻昧』『規過』『稽疑』『去惑』、唐の王元感の『糾謬』『振滞』『縄愆』といった書名に通じるものだ。

朱子も、合理的思考を徹底し、自己肯定が完全であった点で、王粛・杜預・劉炫・王劭・王元感・劉知幾・元行沖らと一脈通じ合う学者であった。鄭玄は経文を前にして考え込み、常識を超える解釈を考え出して経文の一字一句に必然性があることを説明しようとした。経文は神秘の真理を具えた文字列であり、解釈者は自分の常識を捨てて、経文の論理を虚心に探らなければならない。それに対して、王粛から朱子に至る合理主義の学者たちは、経文は常識的現実世界の真理を説くものだと捉え、文字列に常識を超える意味があるとは考えなかった。だから、彼らは自らの合理的判断を根拠に経文を解釈し、経文がその判断に合致しない場合は、経文に問題があると考えた。彼らとてもちろん、経典やそれを書いた聖賢の権威を疑うことは無かったから、後世の伝承過程で経文に問題が生じたと考えた。

最終的に朱子は、古文の第一章「開宗明義章」から第七章「孝平章」(今文では第一章「開宗明義章」から第六章「庶人章」)の部分のみが孔子・曾子の『孝経』本来の内容であり、それ以降は後人が書いた補足説明だとした。『孝経刊誤』は、『古文孝経』原文をそのまま載せて、解説を加えていくという形式を採っている。使われた『古文孝経』は、司馬光・范祖禹が伝承したもので、日本伝承の『古文孝経』とも共通している。古文の第一章から第七章は、改行もせず連続した一段落としてはじめに置き、これを「経一章」と称し、その後ろに解説を加えた。古文の第八章「三才章」以降は、各章そのまま本文を掲げ、その後ろに解説を加えている。古文では第八章から第二十二章まで合わせて十五章になるが、朱子はその第十一章と第十二章は同じ章としたので十四章しかなく、これらを「伝」と称した。朱子は旧来の経文を「経」と「伝」に分けただけでなく、古文と今文双方を参照しながら合理的な判断で分章と章順序を新たに整え、不適切と考えられる文字については削除を論じた。

このような対応方法は、朱子が『大学』に対して行った改編と全く同じだ。ただし、彼の『四書集注《ししょしっちゅう》』第一部である『大学章句』が「注」の形式を採り、新たに自らが改編した経文を掲げているのに対し、『孝経刊誤』は「評」の形であり、文字の削除も章順序の変動も、自説を明確に主張してはいるものの、本文に直接変更を加えているわけではない。例外は、古文の第一章から第七章と、第十一章・十二章をそれぞれ一まとめにしたことだけだ。後世朱子を信奉する学者たちは、朱子の説に従って改編加工された『孝経』本文を使うことになった。

『孝経刊誤』の余波

『孝経』の「諫諍章」(今文では第十五章、古文では第二十章)で、曾子が「子たる者、父の命に従っておれば「孝」と言えましょうか?」と尋ねたのに対し、孔子は「是何言与、是何言与(何を言うのか? 何を言うのか?)」と二度繰り返した。古文ではさらに「言之不通也(分かっとらんな)」と続くが、この五文字は今文には無い。これについて南宋末の王応麟《おうおうりん》『困学紀聞《こんがくきぶん》』

は、古文にも本来この五字は無かったが、范祖禹が『古文孝経説』を編集した際、司馬光の注であったこの五文字を誤って経文にしてしまったのだ、と推測している。その状況証拠として、朱子の『孝経刊誤』にもこの五文字が無いことを挙げている。

現在の我々は、日本伝来の『古文孝経』にこの五文字があり、しかも孔伝や『孝経述議』がその解説をしていることを確かめられるから、司馬光『古文孝経指解』の経文にもこの五文字はあったはずだと推定できる。仮に『困学紀聞』の説が事実であるなら、司馬光が自分で考えて書いた注が、偶然にも日本伝承の経文と一致していたということになるが、あり得ないことだ。逆に考えれば、一般に普及している『今文孝経』の経文にこの五文字は無く、その有無に大きな意味も無く、司馬光も朱子も特に解説を加えていないから、『古文孝経指解』にせよ『孝経刊誤』にせよ、本来あった五文字が後世の伝承の過程で削除されることは常に起こり得た。北宋朝廷が標準と定めた『孝経』は今文の玄宗注であり、『古文孝経』は朝廷が校定した版本の形で流通することはなかったから、転写の際に文字の変化が起こることは避けがたく、基準となる版本も無い以上、それを修正することは難しかった。『困学紀聞』の説は、そうした状況の中で生じた根拠の無い伝説に過ぎない。王応麟が傍証として『孝経刊誤』を挙げていることも、この説が憶測に過ぎないことを示す。「言之不通也」という五文字が注になっている司馬光の本を実際に目にしていたのであれば、『孝経刊誤』を持ち出す必要は全く無かった。

『古文孝経』の変化の一例として、南宋末の黄震《こうしん》が『古文孝経』は「三才章」を二つに分けていると述べたことが挙げられる(『黄氏日抄』)。しかし、実際には「庶人章」を二つに分けて「庶人章」および「孝平章」としてはいるが、「三才章」は分けられていない。このことは、日本伝承の『古文孝経』でも司馬光・范祖禹・朱子のそれでも変わらないし、『漢書』「藝文志」の注や『経典釈文』でも確認できるから、黄震の説は明らかに間違いと言うべきだ。ところが、大足《だいそく》という重慶郊外の山の中に、范祖禹の署名のある『古文孝経』の摩崖碑《まがいひ》があり、経文だけだが、一文字分の「・」で分章個所が示されている。その分章は特異なもので、「庶人章」は分けずに「三才章」を二つに分けている点で黄震の説に一致するほか、「三才章」のはじめの「曾子曰甚哉孝之大也」を前章末に繰り入れ、「三才章」は「子曰夫孝天之経」からとなっている。

一九四八年に馬衡《ばこう》が書いた文章に詳細な報告があるが、この碑は范祖禹が作文したある官僚の神道碑《しんどうひ》(墓誌が墓の中に収められるのに対し、墓の外に建てられるもの)に付設されている。その神道碑は范祖禹が揮毫したのではなく、しかも重慶からは遠く離れた陝西《せんせい》に建てられたものだったから、大足のものは複製であり、陝西の本来の神道碑に『孝経』が付設されていたかどうかも疑わしい。大足摩崖碑の製作時期は早くとも南宋中期以降で、范祖禹本人とは全くかかわりが無い。そもそも、范祖禹の『古文孝経説』は二十二章それぞれの章末に短評を付してあるから、范祖禹の見た古文の分章状況が日本伝承の古文と同じ(「庶人章」を二つに分け、「三才章」は一つのまま)であることは疑問の余地が無い。大足の摩崖碑は、むしろ「范祖禹敬書」という五文字の署名を疑って見るべきであろう。しかし、それにしてもおそらく南宋後期に彫られた『古文孝経』であり、しかもその特殊な分章が南宋末の黄震の説と一致していることは、単なる偶然として無視することができない。

実は、このような状況は、簡単に説明できる。宋代の『古文孝経』には、司馬光の『指解』、范祖禹の『説』、朱子の『刊誤』があったが、繰り返し述べてきたように、いずれも評であって経文に組み込まれている注では無かったから、テキストとして変化しやすいものであったし、朱子の『刊誤』だけを見れば、『古文孝経』が本来どこで章を分けていたのかが、必ずしも明らかではない。だから、司馬光『指解』・范祖禹『説』・朱子『刊誤』などから『古文孝経』本文だけを抜き出したテキストが書写され、さらに転写される場合、少なからぬ文字の異同が発生し、章分けに混乱が生じたことは全く自然であった。

大足摩崖碑のテキストが「庶人章」を二つに分けなかったのは、朱子の『刊誤』が『古文孝経』の最初の七章を全てまとめて「経一章」とし、『古文孝経』が本来どこで章を分けていたのかが記されていないからだ。通行の『今文孝経』に従えば、六章に分け、「庶人章」は分割しないことになる。「三才章」を二つに分けたのは、朱子の『刊誤』が、「三才章」後半は前半とは異なる来源のものを無理やりつなぎ合わせたもので、思想的にも不適切だから後半部は削除すべきだ、と主張していたからだ。「三才章」を二分することで、「庶人章」を分けなかったことが相殺され、常識的に知られている『古文孝経』二十二章という章数に合わせることができた。「三才章」のはじめの「曾子曰甚哉孝之大也」を前章末に繰り入れ、「三才章」を「子曰夫孝天之経」からとしたのも、深い考えがあってのことではなく、「子曰」から新しい章が始まるのだと思ったのであろう。

黄震の見た『古文孝経』や大足の摩崖碑『古文孝経』のテキストの混乱は、宋代に『古文孝経』を流通させた司馬光・范祖禹・朱子らが、そもそも『古文孝経』の『今文孝経』との違いを重視していなかったことに原因がある。司馬光・范祖禹が重視したのは『孝経』であり、『古文孝経』も『今文孝経』も大同小異、という認識だったし、朱子に至っては、大同小異の今文であれ古文であれ、『孝経』は全体として混乱が甚だしく、本当に価値あるのは最初の六、七章に過ぎない、と考えていた。鄭玄が一字一句の解釈に精力を傾け、『古文孝経』が『今文』とは異なる章分け・章順序によって鄭玄のような理解を無効化しようとしていたのは、彼らには想像もできない遠い過去の話であった。南宋後期に司馬光・范祖禹・朱子を尊敬する人々が『孝経』を書写する際に、その一字一句や分章個所に細心の注意を払うような状況は、あり得なかったと言うべきであろう。

董鼎・呉澄

元代には、朱子の学問が正統と認められて広く浸透し、朱子が書いた経典の注釈をさらに深く分析・研究する著作が多く作られた。かつて鄭玄らが書いた経典の注に対して、南北朝期の学者たちがしたように、朱子の注に対しても、「纂疏《さんそ》」といった書名で朱子の学説を系統的に整理する著作が多く作られた。『孝経』で代表的なのが董鼎《とうてい》の『孝経大義』で、朱子学を正統とする社会では、その後長く標準的注釈書として広く流通した。日本でも、江戸前期においては『孝経大義』が最も広く読まれたらしい。

『孝経大義』は朱子の学説を基礎とする。したがって、『孝経刊誤』で朱子が説明した削除・分章・章順序に関する改編意見に完全に忠実に、新たな『孝経』本文を作り、それに詳細な解説をつけていった。『孝経刊誤』が掲げている経文は司馬光以来の古い形であり、朱子が手を加えた経文を直接的に見ることができるのは『孝経大義』だ。一方、董鼎の解説は極めて平易で、言葉の解釈や経典解釈の理論問題には立ち入らず、実践道徳に重点を置いている。例えば、「庶人章」最後の「孝無終始」云々の解釈については第三章に取り上げたが、董鼎はこの個所の解説の最後に、「学習者のみなさん、しっかり心して読んで、行いを慎みましょうぞ」というような呼びかけをしている。『孝経』を修身の教科書と見て、その解説をしているかのようだ。

董鼎は、他に『書伝輯録纂注《しょでんしゅうろくさんちゅう》』という書も編纂している。こちらは、朱子の関連言説を整理しつつ、『尚書』の解釈を詳説したもので、朱子学の『尚書』研究書として標準的体裁を採っているが、他に諸学者の議論で為政者の戒めとすべきものも収録しており、「学問の為の学問」に止まることを拒否している。董鼎の没後、この書に序文を書いたのが呉澄《ごちょう》である。

呉澄は門下から虞集《ぐしゅう》・貢師泰《こうしたい》といった重要人物が輩出したので社会的評価が非常に高く、元代の学者としては最も有名な一人だが、少なくとも清代中期以降、その経学著作はほとんど参考にされることがなくなっている。例えば『礼記纂言《さんげん》』という著作は、『礼記』諸篇を内容的に再配列し、各篇の章節も内容的に再配列した上で、解釈を付したもので、唐の魏徴が『類礼』を編纂したのと似ている。呉澄は『孝経』については『孝経定本』という著作を遺した。邢昺の疏によって『古文孝経』の偽作であることを知り、朱子の『孝経刊誤』によって『今文孝経』にも疑問が多いことを知ったという呉澄は、『孝経刊誤』の改編説に飽き足らず、『孝経刊誤』の基礎の上に自ら新たな改編を行った。「経」を一章にまとめ、それ以下は「伝」だという理解は朱子と同じだが、「伝」の部分の分章は『今文孝経』に従って十二章とし、章順序は『今文孝経』とも『刊誤』とも異なる独自のものとしている。

この後、『孝経』の本文は、①玄宗注の今文、②司馬光・范祖禹の古文、③朱子の古文『孝経刊誤』本（『孝経大義』）、④呉澄の『孝経定本』の四種となり、明清期に伝承されていった。

民間への応用

朱子は『孝経』に疑問を持っていたが、『孝経』を否定していたわけではなく、単に本来の『孝経』が後世混乱して伝えられたと考えていた。『孝経刊誤』が「経」と認定した部分は、朱子にとっても重要な価値ある内容であった。興味深いのは、朱子が地方官をしていた際に、現地の農民代表者らに自ら注を付けた『孝経』「庶人章」を示して、これを百姓たちに解説して、毎日唱えさせ、朝晩思い返させせよ、仏教の仏様の名前やお経の文句を唱えても何の得にもならんからやめるように言え、と訓示したことだ。

農民たちに「庶人章」を唱えさせるということは、朱子以前にも例があったのかもしれないが、今私はその情報を持っていない。ただ、朱子が「庶人章」を肯定的に評価していたことは彼の語録にも見え、文集の説明でも「庶人章」五句は「先聖至聖文宣王」つまり孔子さまのお言葉だ、とその権威性を強調している。この後、朱子の弟子や朱子に影響を受けた人々が、地方官となった際に現地の農民たちに「庶人章」を唱えさせた例は簡単に見つけられる。例えば、真徳秀《しんとくしゅう》は「庶人章」二十二文字を印刷し、これを持ち帰って農民たちに毎朝唱えさせよ、と命じたし、方大琮《ほうだいそう》も朱子の注も含めて「庶人章」を印刷して配布し、農民たちに唱えさせている。

また、呉泳《ごえい》の「寧国府勧農文」という文章には、「お前たちは揉め事ばかり起こしてけしからん、この前百姓たちに『孝経』を唱えさせるように言ったが、結局百姓たちは『孝経』を真剣に唱えていないということだ。これは、長官である私の説明不足なのか、それともお前たち農民代表にも普及活動をちゃんとやらなかった責任があると言うべきなのか？」と、いくぶん恫喝にも似たお説教の言葉が見えている。

彼らは、地方の農民たちが労働に励み、倹約に努めて生活を破綻させず、揉め事を起こさず、分相応におとなしくしていてくれることを願った。その時に、『孝経』「庶人章」五句二十二文字を農民に唱えさせるという方法を試みた。二十二文字なら暗唱も難しくないかもしれないが、読み書きのできない農民に『孝経』を唱えさせることは、戦国時代に『孝経』を編纂した人々が夢にも思わなかったことであろう。『孝経』を一家に一部普及させよ、と命じた玄宗も、農民の事までは意識していなかったに違いない。宋代は、科挙で選抜された文人官僚が政治の実務を担った時代で、地方官には現地民衆の民生と治安を適切に管理することが求められた。揉め事があれば、訴訟の処理も必要とされた。南宋の人々の文集には、地方行政文書が含まれている場合が多い。朱子の高弟で娘婿でもあった黄榦《こうかん》は、訴訟処理の文章を多く遺したことでも有名だ。こうして『孝経』は、庶民の世界にまで下りてきた。それは、統治者たちの手が、深く民間の基層にまで伸びてきたということでもあった。

明清皇帝の聖諭

元末の混乱を終結させた明の洪武帝《こうぶ》朱元璋《しゅげんしょう》は、貧農出身で、托鉢僧として各地を回っていたこともあって、下層民衆の生活を熟知していた。その彼が皇帝となると、民衆に向けて「孝順父母、尊敬長上、和睦郷里、教訓子孫、各安生理、毋作非為」という六句二十四文字の訓戒を示した。朱子が農民たちに唱えさせた『孝経』「庶人章」は五句二十二字だが、「子曰」を加えればちょうど二十四字で同じ長さとなる。朱子の文集に収められている「勧諭榜《かんゆぼう》」の中に、「孝順父母、恭敬長上、和睦宗姻、周邺鄰里、各依本分、各修本業、莫作姦盗、莫縦飲博、莫相闘打、莫相論訴」という十句がある。最初の四句は洪武帝の前三句と同内容、第五句・第六句は第五句に近く、第七句から第十句は第六句で概括できる。洪武帝の第四句「教訓子孫」だけは、朱子の「勧諭榜」に見えない新しい内容だ。朱子が地方官として直面する農民たちを念頭に、彼らが揉め事を起こさずおとなしく暮らしてくれることを願っていたのに対して、洪武帝はその農民たちの次世代に対する教育に着目しており、より深く民衆の実際生活に踏み込んで考えていると言えよう。

後に「六諭《りくゆ》」と呼ばれる洪武帝のこの言葉は、明代を通して各地の有力者たちによって普及させられ、民間に広く浸透した。明が滅んで清王朝が北京に入り、順治帝《じゅんち》が親政を行い、国内がほぼ平定された順治十六年（一六五九）には、「六諭」を公式に民衆に告示・宣伝することが認められた。洪武帝の「六諭」は、王朝交代を超えて、民間道徳の柱として半永久的影響力を持った。次の康熙《こうき》帝は「六諭」に飽き足らず、その拡大版の「聖諭《せいゆ》十六条」（各七文字からなる十六条）を告示・宣伝し、さらに次の雍正《ようせい》帝がその解説『聖諭広訓《こうくん》』を書いた。ただし、康熙帝の「十六条」は、洪武帝の「六諭」を詳しくしたもので、主旨に変化は無く、「六諭」を否定するものでもなかった。

清初の学者陸隴其《りくろうき》は、「六諭」は「二十四字の中に『大学』の修・斉・治・平（修身《しゅうしん》・斉家《せいか》・治国《ちこく》・平天下《へいてんか》）の主旨が全て備わっている」と高く評価すると同時に、朱子や真徳秀が『孝経』「庶人章」を農民に唱えさせたことを挙げ、『孝経』は現在広く普及している「六諭」と表裏一体のものだ、とも述べている。朱子のあたりから、『孝経』は民衆教化の道具として活用され始めた。しかし『孝経』は本来読み書きの不自由な民衆に読ませるためではなく、統治者階層に読ませることを意識して編纂されたはずのものだから、民衆への普及は「庶人章」くらいが限界であったとも言える。洪武帝は民衆教化の必要性を強く認識していたが、その際に儒教経典を活用する必要性を全く感じなかったから、朱子の言葉に多少の調整を加えた六句二十四文字を打ち出した。この「六諭」は、民衆教化として本当に必要な核心的内容だったので、その後数百年、『孝経』を遥かに超えて社会全体に深く浸透した。陸隴其の考えを採用するなら、

「六諭」は『孝経』の化身だったと言うこともできようが、民衆の思想統制という実践的用途を考えた時、やはり『孝経』では使い勝手が悪く、「六諭」に取って代わられざるを得なかったのだろう。

清代初期に『六諭衍義《りくゆえんぎ》』という「六諭」の解説書があった。琉球王朝から清朝に使者として来ていた人物がたまたま手に入れて琉球に持ち帰り、それが薩摩藩主の手を経てさらに徳川吉宗にまで届けられた。室鳩巣《むろきゅうそう》がそれを簡略化して日本語版にしたのが『六諭衍義大意』で、これが日本で広く読まれ、民衆教化政策に深い影響を与えたと言われる。明治天皇の「教育勅語」は「聖諭」とも呼ばれ、内容的には近代的な要素を含むものの、その使われ方は「六諭」や「聖諭十六条」と共通していたから、そこに「克《よ》ク忠ニ、克《よ》ク孝ニ」といった文言が見えるのは全く自然なことだった。

明末の『孝経』復興運動

「六諭」が広く普及したのとは裏腹に、明代の前・中期において『孝経』の伝習・研究はあまり盛んではなかったらしい。例えば、この時代を代表する学者である王陽明《おうようめい》の全集を『四庫全書』電子版で検索してみると、「孝経」の二文字は一度も使われていない。

ところが、明末に至って『孝経』を特に重視する人々が現れた。このあたりの事情については、一九八五年出版の加地伸行『中国思想からみた日本思想史研究』に先駆的研究があり、二〇一一年出版の呂妙芬『孝治天下』という専著に一般状況のやや詳しい紹介がある。まず、万暦年間に朱鴻《しゅこう》という人物が多くの知友の協力も得て、長い時間をかけて『孝経』に関する各種資料を蒐集し、それを整理・刊行した。現存する刊本には万暦十四年(一五八六)の序があるが、それよりもさらに内容が豊富な写本が複数現存しており、刊行後も増補作業が続けられたと考えられる。写本には万暦十八年の序も見えているが、増補版が実際に刊行されたのかどうかは分からない。現在では、北京図書館所蔵で『孝経総類』と題された写本が『続修《ぞくしゅう》四庫全書』というシリーズに影印されて、広く利用されている。朱鴻の資料集の書名は、『孝経叢書』『孝経彙輯《いしゅう》』『孝経総函《そうかん》』『孝経総類』などと一定しない。これらの書名は、後世の蔵書家が便宜的に付けたもので、朱鴻自身は資料の山を一つの著作物とは考えていなかったのであろう。

『孝経』は、幼少期教育の手始めに親孝行を教えるというようなものではなく、社会秩序を維持して天下泰平を実現するための重要な精神的支柱なのだ、という意識を朱鴻らは持っていた。彼らにとって『孝経』は、本質的には統治者の聖典なのであって、基層民衆に道徳遵守を求める「六諭」などと同日に論じられるものではなかった。

一部の学者たちの声に応えて、崇禎《すうてい》六年(一六三三)には『孝経』を重視せよという聖諭が公布された。同じ年に、葛寅亮《かついんりょう》という人物が江元祚《こうげんそ》の『孝経大全』に序を書いている。この本は、明の刊本の現存するものが珍しくないほか、日本においても翻刻され、かなり広く流通している。『孝経大全』の内容は、だいたいにおいて朱鴻の『孝経総類』と重複しており、『孝経総類』を藍本《らんぽん》として多少の調整を加えたものと言うことができる。注目されるのは、『孝経大全』が虞淳熙《ぐじゅんき》の「全孝図説」「全孝心法」を第一巻に移し、その後ろに『孝経総類』には無かった楊起元《ようきげん》の「誦孝経観」(標題は「誦経威儀」)を新たに加えていること。虞淳熙は幼少期から仏教を学び、霊異的能力を持っていたらしい。「全孝図説」「全孝心法」は「太虚」や「気」といった宋代以来の理学《りがく》概念を使っているが、心霊的色合いが強い。「誦孝経観」は、毎朝身だしなみを整えてから香を焚いて瞑想し、母親の胎内に戻ったような感覚を経て『孝経』の世界に没入する瞑想の方法が説明されている。そこでは、「気」が重要概念として虞淳熙と同様の意味で使われている。

一般に理学や理気論《りきろん》と呼ばれる朱子・王陽明らの学説は、仏教や道教の要素も加えつつ、明末において曖昧な神秘化を遂げていた。楊起元や虞淳熙は少し宗教的な態度で『孝経』を扱ったが、『孝経』だけが特殊だったわけではない。明末清初には、現世利益を説く仏教・道教から刺激を受けて、多くの文人官僚が、天を絶対者として畏れ、孔子を神と崇め、儒教を宗教化していた。そのような状況下で、孔子が自ら書いたとされ、生活道徳と理想社会が説かれた完結した内容でありながら字数も多くない『孝経』は、誦経や写経といった儀式的行為の対象として、絶好のものだったに違いない。楊起元の「誦孝経観」は、日本の中江藤樹《なかえとうじゅ》に深い影響を与えたことも知られている。

やや遅れて崇禎十二年(一六三九)には、呂維祺《りょいき》が『孝経本義』『孝経大全』『孝経或問《わくもん》』を皇帝に献上し、『孝経』重視の具体策を具申した。しかし、その二年後に呂維祺は李自成《りじせい》の反乱軍の手にかかり、明朝も滅んでしまう。呂維祺の『孝経大全』は康熙七年(一六六八)の序のある刊本が現存し、江元祚の同名書とは編集内容がかなり異なる。特に目立つのは、楊起元や虞淳熙の霊異・神秘的内容が目立たなくなっていること。例えば、楊起元の「誦孝経観」は、前半の宗教的神秘的部分を削除して、後半の『孝経』の意義を称えた部分だけが収録されている。日本で江元祚のものだけが普及したのは、偶然なのかもしれないが、興味深い。

黄道周

明末の人物として、黄道周《こうどうしゅう》は最も有名な一人である。大臣を弾劾して崇禎帝の不興を買い、投獄・虐待されても志を変えず、明朝滅亡後は亡命政権南明《なんみん》に出仕し、清朝に降伏することを拒否して殺害された。後に乾隆《けんりゅう》帝は、清朝に降伏せず明朝に殉じた人物の伝記をまとめさせ、『欽定勝朝殉節諸臣録《きんていしょうちょうじゅんせつしょしんろく》』として公表した。彼らは清朝からすれば敵であったにしても、人臣として忠義を貫いた立派な人物だと称揚したもので、その中で黄道周には「忠端」という諡号《しごう》が与えられている。黄道周には経学の著作も多く、議論も経典に基づく篤実なもので、清朝の学者からも高く評価されている。黄道周は崇禎十三年(一六四〇)から十四年にかけて、獄中で『孝経』を写経すること百二十部に及んだという。黄道周は書家としても有名なので、獄中写経の『孝経』は珍重され、現存するものもある。東京国立博物館に所蔵されるものは、ColBaseと呼ばれるウェブサイトで全部の画像が公開されている(本章扉)。他に、清末に木版白抜きで印刷されたものがあって、早稲田大学図書館のウェブサイトなどにも公開されている。

黄道周の著作『孝経集伝《しゅうでん》』は、崇禎十六年の刊本が内閣文庫やハーヴァード大学図書館などに所蔵されており、版面が美しいが、特に内閣文庫蔵本は保存状態もよく、オンラインで自由にダウンロードできる画像が素晴らしい。崇禎十一年から書き始め、十二年にはだいたい出来上がって皇帝に献上しようと考えていたが果たせず、投獄を経て朝廷を離れてから整理し、十六年に公表することにしたという。献上するつもりで書いた説明文において黄道周は、「『孝経』は道徳の淵源、治化の綱領であり、六経の根本はいずれも『孝経』に発するもので、『礼記』『儀礼』などはみな『孝経』を補足説明するものだ」と述べ、『孝経』を聖典とする立場を明らかにしている。したがって、朱子が本来の「経」は最初の七章だけだ、とした考えを排し、今文十八章全てを「経」とし、各章の後ろに『礼記』『孟子』などの関連する内容を「大伝」として付録し、そのそれぞれに自ら加えた注解を「小伝」と呼んでいる。

『孝経集伝』刊本の末尾に、校正に参加した弟子たちがそれぞれの思いを記している。一人は、黄道周が父母の墓の傍らの草庵で弟子たちに原稿を渡した時の状況を紹介している。黄道周は身だしなみを整えてから皇帝の居る北の方を向いて五拝三叩頭し、父君の墓に向かって四拝再叩頭し、草庵の中に祭られた「四先生」(誰を指すかは不明)に向かって再拝してから原稿を机上に置いたので、弟子たちは四拝してそれを受け取ったと言う。このような謙虚・鄭重な態度は、『孝経』に対する態度にも通じている。逆に思えば、楊起元や虞淳熙の宗教的・神秘的態度も、半分は同様の謙虚さ鄭重さの表現であり、全知全能の神を崇拝の対象とするような宗教とは全く別物であることに注意すべきだ。

また別の弟子は、およそこんなことを言っている。「四十年師事してきたが、先生はいつも『孝経』を持っておられ、獄中でも『孝経』を百部以上筆写された。『孝経』の「伝」を伝授して下さると聞いて、『二十四孝』のような昔の人の親孝行の故事かと思っていたら、孔子の弟子たちの振る舞いは全て『礼記』に書いてあり、孟子の言動は全て『孟子』に在り、周公・孔子の教えは「他人を憎んだり誹謗したりしてはいけない」ということに尽きる、ということがはじめて分かった。四十年間『礼記』も『孟子』も勉強してこなかった私には、『孝経』を理解したなどと言う資格は無かったのだ。この書の在る所、必ずや神明のご加護があり、日月星辰が照覧している。ゆめゆめ軽々しく扱わぬように」。

黄道周も朱鴻らと同様に、『孝経』こそが天下泰平を実現する聖人の教えだと考えていた。儒教には、様々な類型がある。民間で日常生活の道徳倫理を説くのも儒教なら、太極や気といった曖昧で神秘的な観念の世界に遊ぶのも儒教だったが、現実の政治世界の中で、天下泰平を実現するための教えとして儒教経典を学ぶ、というのも儒教の一類型だ。黄道周はそのような類型の儒学者として生涯を終え、『孝経集伝』はそのような類型の儒学著作であった。しかし、残念ながら黄道周の努力は現実には全く報われず、崇禎十七年三月には北京が陥落し、崇禎帝は景山で自死した。『孝経集伝』が刊行されたのは、それより後だったかもしれない。

清代の議論と研究

清朝は『孝経』を重視し、朝廷が編纂した注釈書が複数ある。まず順治十三年(一六五六)に『御定孝経注《ぎょていこうきょうちゅう》』が作られ、康熙二十一年(一六八二)には『御定孝経衍義《えんぎ》』百巻が完成し、雍正五年(一七二七)には『御纂孝経集注《しっちゅう》』も作られた。このうち、『孝経注』と『孝経集注』はいずれも今文の玄宗注を基礎として解説をさらに詳細にしたもの。『孝経衍義』は、真徳秀の『大学衍義』に倣って作られ、朱子『孝経刊誤』の「経一章」の部分を柱に、関連する行政問題の歴史的事例を羅列していったもの。いずれも常識的に編纂されており、目立った特徴は見受けられない。

しかし、これらの著作は、朝廷が『孝経』を重視していることを広く知らしめることになったから、清代前期に『孝経』関係の著作は意外に多い。「意外に」と言う理由は二つある。一つは、我々がそれらについてほとんど知らないことで、学術史上有名でない多数の学者の著作が存在している。二つ目は、清代中期から近代にかけて、所謂「考拠学」（考証学）が主流となり、『孝経』に対する関心が文献学的角度に限定されたこと。我々が普段清代の経学研究の成果を参考にする場合、阮元が編集した『皇清経解』と王先謙《おうせんけん》が編集した『皇清経解続編』を見れば、必要な情報はほとんど網羅できる。しかし、この二つの巨大叢書の中に、『孝経』に関する専著は、阮元の『校勘記』を含めても僅か四部しかない。だから、私は清代の『孝経』研究は日本の徳川時代に較べて遥かに低調だと思っていた。序章でも引用した阿部隆一・大沼晴暉『江戸時代刊行成立孝経類簡明目録』の「緒言」も、「漢土において孝経は経書として尊ばれてはいるが、他の経書に比しては軽視されていると言ってよい。清朝と我が江戸時代とどちらが孝経の講学が盛であったか、その出版点数がいずれが多かったかは、外国人の目に触れるのは普通代表的著作に限られ、些細な地方版や俗本に接する機会が少ないのが通例であるから、異国の細微の実情に具に精通し得ない我々は軽々な判断は慎まねばならぬが、むしろ日本の方が盛であったのではないかという気がする」と述べていた。「軽々な判断は慎まねばならぬ」という保留が正しかったということだろう。

呂妙芬などの紹介を見る限り、清代前期には多くの地方の学者が『孝経』関連著作を遺しており、流通範囲は限られただろうが、総数はかなり大量になると思われる。内容的には、その大部分が、明末の諸著作の延長線上に在ったであろう。清代前期の儒教文化は、当然ながら明末を継承しつつ発展した。乾隆年間(一七三六〜一七九五年)の『四庫全書総目』あたりから、清朝学術は堅実な文献学であると自己評価して、明朝学術が空理空論を多く弄んだのを蔑視する風潮が形成された結果、明末と清初の間に学術史的断絶があるかのような印象を持たれがちだが、敢えて区切るなら清朝前期は明末と繫げ、乾隆年間後期から風向きが変わったと見るのが適当だろう。

『孝経』に関する議論が大きく変わったのは、第二章で述べたように日本から太宰春台本『古文孝経(孔安国伝)』と岡田宜生本『孝経鄭注』が伝えられたことによる。太宰本が『知不足斎叢書』第一集の一種として刊行されたのが乾隆四十一年(一七七六)、岡田本が『知不足斎叢書』第二十一集の一種として刊行されたのが嘉慶六年(一八〇一)であった。正に学術の風気が大きく変わって、文献学が最も盛んだった時に、この二つの新資料がもたらされた。一つは前漢の孔安国、もう一つは後漢の鄭玄、本物であれば、いずれも文献学的に最高級の価値があり、経学・儒学に絶大な影響を与えるものだ。かくして、中国では数百年来伝承が途絶えていた孔伝と鄭注の研究が展開されることとなった。

太宰本の孔伝が前漢の孔安国の作品ではないことは、一見して明らかだった。問題は、それが隋の劉炫・王劭らが見たものと同じか、それとも別物か、ということで、様々な議論があった。『四庫全書総目』は日本で偽作されたものではないかと疑い、阮元もその価値を否定した。最も有名な議論が鄭珍《ていちん》のもので、十の論拠を挙げて日本で偽作されたものだと論じた。劉炫らの見た偽作の孔伝ですらない、という意味で、「偽中の偽」だ、とした。

実際には、日本には鎌倉時代以来の写本が伝存し、その祖本は平安時代に遡ることができるし、平安時代の日本に孔伝を偽作できるような人物は居らず、偽作する必要性も無かった。そして何よりも日本には劉炫の『孝経述議』も伝承されており、その独特の議論が劉炫のものであることは全く疑問の余地が無く、しかもその『孝経述議』の議論が日本伝承の孔伝と完全に嚙み合っていることから、日本伝承の孔伝が劉炫らの見たのと同じものであることは確実となっている。現在の立場から評論するならば、鄭珍を含めて、清代の学者たちにこの問題を解決することは不可能だった。理由は、清朝に在っては資料・情報が圧倒的に不足していたからだ。孔伝が日本でどのように伝承されてきて、どんな時代にどんな写本があったのかは、彼らには想像のしようもないことだった。ましてや『孝経述議』は、日本でも林秀一の整理を待ってようやくその全貌が知られるようになったものだ。さらに、彼らが議論の前提とした太宰本『古文孝経(孔安国伝)』は、太宰春台の校勘を経ており、日本伝承の本来の文字を、中国で普及していた通行の文字に置き換えた個所もあったから、「偽中の偽」と判定されてしまう要素も僅かながら確かに含まれていた。

『孝経鄭注』についても、清朝の多くの学者が懐疑的だった。当初は、やはり情報不足の問題があった。唐初に魏徴らが編輯した『群書治要』が日本に伝承されていて、元和二年(一六一六)に徳川家康の命によって活字版が組まれ、天明七年(一七八七)に尾張藩が木版で印刷した、というような事情は、清朝ではほとんど知られていなかった。しかも、鄭注は日本でも伝承が無く、『群書治要』の注は鄭注だという説明があるわけではなく、その全てが鄭注本来の文字であるという確証は得られなかった。基本的に全て鄭注と考えてよい、という判断ができるようになったのは、二十世紀に敦煌から『孝経』鄭注の残巻が複数出土してからである。そもそも、南北朝から唐代まで広く普及していた鄭注だが、それが本当に鄭玄の作なのかどうかは、定論が無かった。だから、『群書治要』の注も当然、鄭玄の作かどうか決定的証拠は得られなかった。

孔伝のほうは、隋唐においても伝習者は少なかったから、他の文献に引用された個所は多くなく、劉炫の義疏を藍本とした『尚書正義』などに数条引かれるに止まる。一方、鄭注は唐代まで標準的注釈として普及していたから、諸経の義疏や『経典釈文』をはじめ諸書に引用されている。清朝の学者は、それらの引用を集めて鄭注の復原を試みた。その代表例が臧庸堂《ぞうようどう》で、彼の復原本は岡田本と並ぶ形で『知不足斎叢書』に収められた。さらに、洪頤煊《こういせん》は岡田本を基礎に、諸書の引用を補って『孝経鄭注補証』としてまとめ、これも『知不足斎叢書』に収められた。『知不足斎叢書』に収められた岡田本・臧庸堂本と『補証』は、日本で文化十二年(一八一五)に昌平坂学問所《しょうへいざかがくもんじょ》から覆刻版が出され、「官板」と呼ばれる。

清代後期の研究成果として重要なのは、光緒二十一年(一八九五)に刊行された皮錫瑞《ひせきずい》の『孝経鄭注疏』。皮錫瑞は、鄭玄の学説を系統的に研究して整理を行っており、『鄭志疏証《ていしそしょう》』『六藝《りくげい》論《ろん》疏証』『駁五経異義《ばくごけいいぎ》疏証』などの一連の著作は、現在でも便利な参考書として活用されている。『孝経鄭注疏』もその一つで、鄭注を鄭玄の著作と見て間違いないことが示されている。ただし、敦煌本が発見されるより前のことなので、皮錫瑞が論じることができた鄭注には限りがあった。

江戸時代の『孝経』研究

江戸時代に『孝経』の研究が盛んで、夥しい出版物が遺されていることは、前述の阿部・大沼の目録を見れば容易に理解できる。そのうち、今文鄭注・古文孔伝・開元本玄宗注・天宝修訂本玄宗注などの出版状況と片山兼山の孔伝研究については、既に取り上げた。ここでは、文献学的に興味深い例をもう少し紹介したい。

『隋書』「経籍志」は、『今文孝経』の伝来を述べた後、他に『古文孝経』があると記す。そしてその『古文孝経』には「長孫有「閨門」一章」、すなわち長孫氏が伝承した独自の閨門章があり、それ以外の経文はだいたい今文と同じだが、篇が分かれて三章増えており、合計二十二章になっている、と言う。実際には、第一章で『漢書』「藝文志」を引用したように、長孫氏が伝承していたのは『今文孝経』だから、『古文孝経』の説明に「長孫」が出てくるのはおかしいが、『隋書』「経籍志」の現存最古の南宋初期の版本でもたしかにこうなっている。これについて、文化元年(一八〇四)に刊行された太田錦城《おおたきんじょう》の『九経談《きゅうけいだん》』は、「孫」の字が衍字で、本来は「長有「閨門」一章」だったと推測し、傍証として皇侃『論語義疏』に「『斉論』長有「問王」「知道」二篇」という言い方があることを挙げている。つまり「長有「閨門」一章」は、長孫氏とは何ら関わりが無く、古文では今文には無い閨門章があって一章多くなっている、という意味だというのだ。従うべき説かと思う。太田錦城個人の発明なのか、それ以前の誰かが既に指摘していたのかは分からないが、いずれにしても日本の学者の説と考えてよいだろう。

現在早稲田大学に所蔵される国宝『礼記子本疏義《らいきしほんそぎ》』残巻は、主要部分が『論語義疏』の作者皇侃が書いた『礼記』の解説で、これも中国では散逸して日本だけに遺っているものだが、その中にも「「弟」為長字」(「弟」は衍字である)という言い方が見られる。同一議論の記述が『通典』にもあるが、『通典』は「長」の字に注をつけるか、「衍」に書き換えるかしている。つまり、『通典』が編纂された唐代後期に、「長」という言い方は既に分かりにくいものになっていた。日本には、隋から唐初に伝えられた文献が遺されている。そう考えれば、『九経談』の発明には、日本ならではの資料的・言語的条件が有利に働いていた、と言うこともできそうだ。

もう一例、窪木《くぼき》清淵《せいえん》の『補訂鄭注孝経』を取り上げよう。この書は林秀一も紹介しているが、杉仁《すぎひとし》が詳細な調査を経て興味深い論文を発表している。窪木清淵は下総国香取《かとり》郡津宮《つのみや》村（現香取市）の名主で、伊能忠敬の地図製作にも協力していたという。彼は若い頃、師匠松永北溟《まつながほくめい》から、『群書治要』から『孝経』鄭注を抜き書きしたものを授けられた。『補訂鄭注孝経』はそれを基礎に、諸文献に引用された鄭注を集めてさらなる補訂を行ったもので、享和三年（一八〇三）に門弟名義で刊行され、文化元年（一八〇四）に自家版を刊行、文化九年の新版は京都・名古屋・大坂・江戸の書肆から発売された。地方の文人が独力で長い時間をかけて作り上げた作品で、前項で紹介した『知不足斎叢書』の臧庸堂本や洪頤煊『補証』がはじめて日本に輸入されたのが文化七年と言われているから、当然それらは参考にしていないが、林秀一はそれらと比較していささかも遜色がないと評価している。杉仁は日本近世の「在村文化」の研究者として知られるが、地方の名主である窪木が、農事の片手間にこのような研究を続け、この本を含む数種類の漢籍を出版していたことを、注目すべき文化現象として取り上げたのだろう。

鍬形蕙斎と葛飾北斎

『補訂鄭注孝経』の書肆版が刊行された翌文化十年(一八一三)、鍬形蕙斎《くわがたけいさい》が挿絵を描いた『絵本孝経』が、嘉永三年(一八五〇)には葛飾北斎が挿絵を描いた『絵本孝経』が刊行された(図10・11)。解説は高井蘭山《たかいらんざん》で、だいたいにおいて両者共通だが、蕙斎のものは全体としてやや簡略で、各章章題とその下の注解が無いだけでなく、経文にも省略があって全文ではないし、解説文も簡略化された個所が多い。内容が大きく違う個所もあり、例えば「諸侯章」の最後の段では、蕙斎のものには鴻門《こうもん》の会《かい》の話が紹介され、蕙斎が項羽《こうう》や樊噲《はんかい》の絵を描いているが、北斎のものにこの話は出てこない。また例えば「士章」の最後の段では、蕙斎のものには牛若丸のことが紹介され、蕙斎が牛若丸と鬼一法眼《きいちほうげん》の絵を描いているが、北斎のものに牛若丸の話は出てこない。北斎のものには天保五年(一八三四)に高井蘭山が寄せた序があるが、蕙斎のものはそれより早い出版だから当然付いていない。両者の間の解説の差異がいかに形成されたのか、興味深いところだ。

『絵本孝経』の経文は日本伝承の『古文孝経』で、訓読が付されているが、解説は経文からはかなり自由に、日本の事例を多く引いて道徳の要点が説かれている。例えば「三才章」に「孝は天の経也、地の義也、民の行也。天地の経にして民是に則り、天の明に則り、地の利に因り、以て天下を訓ず。是を以て其の教え粛ならずして成り、其の政厳ならずして治まる」と

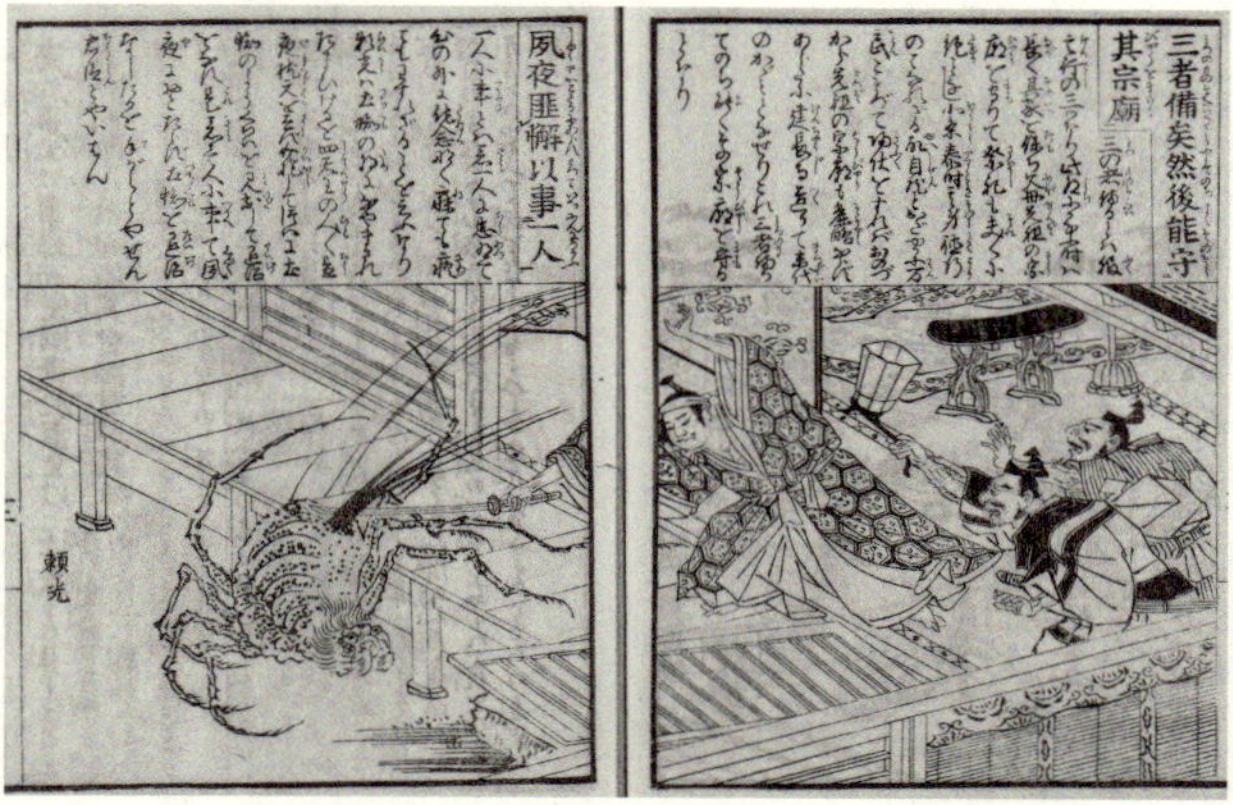

図10　鍬形蕙斎画『絵本孝経』.「卿大夫章」のテキストに対して源頼光による土蜘蛛退治が描かれている

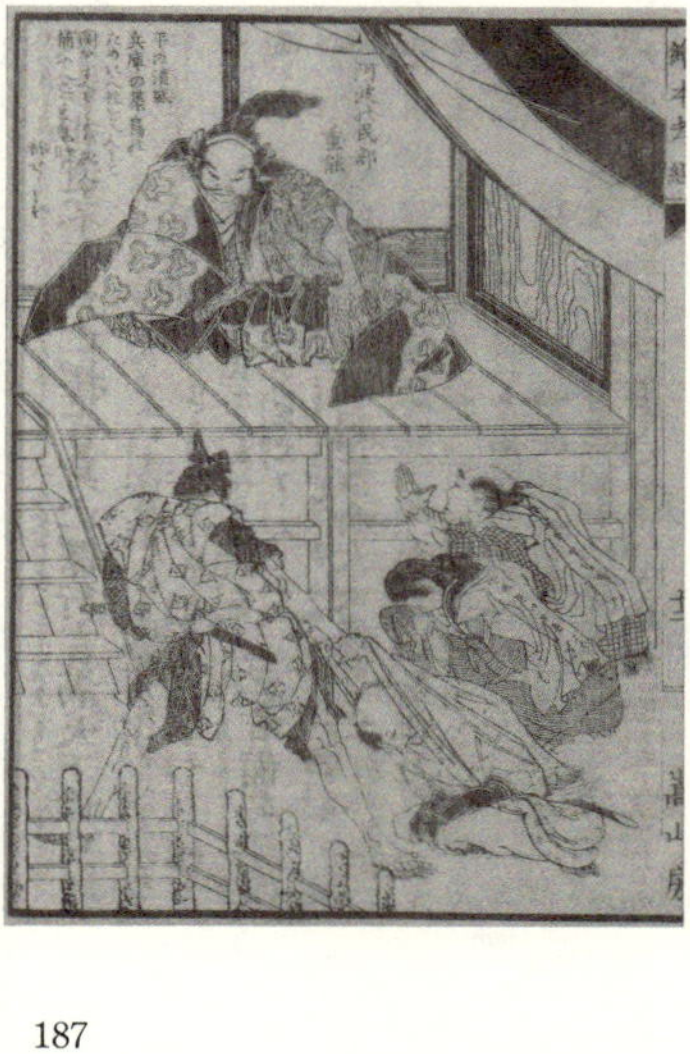

図11　葛飾北斎画『絵本孝経』に描かれた阿波民部

ある個所の解説は、「楠正成は天の明、地の利を知りたるゆえ、纔《わずか》の勢を以て千破屋《ちはや》の城に引籠り、六波羅の多勢を引請け、数度の戦ひに倦むことなく、術《てだて》を以ていたづらに日を送る内、天下ことごとく蜂起して諸国の大乱と成りぬ。これ正成が軍法によつて小城一つをもちこらへ、高時の滅亡の恥となりしは、全く賢才軍慮のいたすところ也」と言う。『孝経』本文の「地の利」から、楠木正成の物語に話を飛ばしている。この本を読んで聞かせてもらう人々にとって、「三才章」の内容はほとんど印象に残らないであろうが、高井蘭山はそんなことは気にしない。やはり、興味を持って楽しく読み、聞いてもらえることが大事なのだ。高井蘭山が紹介する物語は、いずれも当時の民衆にとって馴染み深いものだったはずで、日本社会の道徳的価値観は、『孝経』などよりも、それらの物語によって形成されてきた部分が大きいように思われる。

蕙斎と北斎も高井蘭山に負けずに、『孝経』から離れて、見て楽しめる絵を描いている。といっても蕙斎の図は解説を参考にしないと、どのような状況を描いたものか分かり難いが、北斎の図には讃が入っているので、図だけでも楽しめる。例えば、「卿大夫章」の解説に「平相国《へいしょうこく》入道清盛公、積悪日に増長し、我慢片時も止まず」とあるが、北斎はそこに阿波民部重能《あわのみんぶしげよし》の絵を描き、「平の清盛、兵庫の築島のために人柱を入んとて関をすへ、七つより旅人を捕ふ。人恐て鬼時と称せしとぞ」と画題を説明している。『平家物語』では清盛が人柱を止めさせたという話だが、ここでは、清盛が奉行阿波民部を使って人柱にする旅人を捕まえたことになっている。そもそも、高井蘭山は「卿大夫章」の教えに適《かな》う例として平重盛《たいらのしげもり》を挙げ、その前提として清盛の悪行に一言触れたに過ぎない。いずれにしても、蕙斎のものも、北斎のものも、挿絵だけ見ていけば、これが『孝経』の本であると思う人は居ないであろう。

鈴木順亭と林秀一

鈴木順亭《すずきじゅんてい》は、越後国蒲原《かんばら》郡粟生津《あおうづ》（現燕市）の人。医者の家に生まれ、幼少期から漢文教育を受けた。医者の片手間で経典の研究をするのは難しいが、極めて短い『孝経』だったら何とかなるか、と考えたものの、田舎のことで資料も揃わない。天保十四年（一八四三）十九歳で江戸に出て、『孝経』関連の書籍五十数部を買い集めた。病を得て帰郷し、弘化二年（一八四五）に『孝経疏証《そしょう》』ならびに『解題』『考異』およそ八巻を完成させ、嘉永元年（一八四八）わずか二十四歳で亡くなった。『孝経疏証』の原稿は鈴木家に保管されていたが、大正十二年（一九二三）にようやく活字印刷で出版された。出版に関わった鈴木虎雄《とらお》は京都帝大教授を務めた著名な中国文学者で、順亭の親族に当たる。近世の著作としては出色のもので、落合保や林秀一といった近代の『孝経』研究者も極めて高い評価をしている。残念なことに、その後は再出版されることもなく、『孝経』に特に関心を持つ人以外にはその存在すらほとんど知られていない。原因は、近代以降の日本において、特に第二次大戦以降、社会全体が『孝経』や漢学に対する興味を著しく減退させたことが一つと、それに伴って、漢文を読み書きする能力が、専門の研究者の間でも低下してきたことがもう一つであろう。

明治の漢学者は、曲がりなりにも漢文を読み書くことを自然に行っていたが、現在漢文を書ける人は滅多に居なくなってしまった。その結果、近年の研究論文で明治の漢学者の著作を取り扱ったものは、往々にして漢語を母国語として日本に留学してきた人たちの手に出ている。『孝経疏証』などを見るにつけても、漢文を読み書きできる人がもう少しは増えて欲しいと願わずにはいられない。幸い『孝経疏証』は、現在では国立国会図書館のウェブサイトからダウンロードできる。

最後に、本書で何度か紹介してきた林秀一(一九〇二〜一九八〇)についてご紹介したい。林秀一は、一九二九年に第六高等学校教員となるにあたって、『孝経』を生涯の研究方向とする志

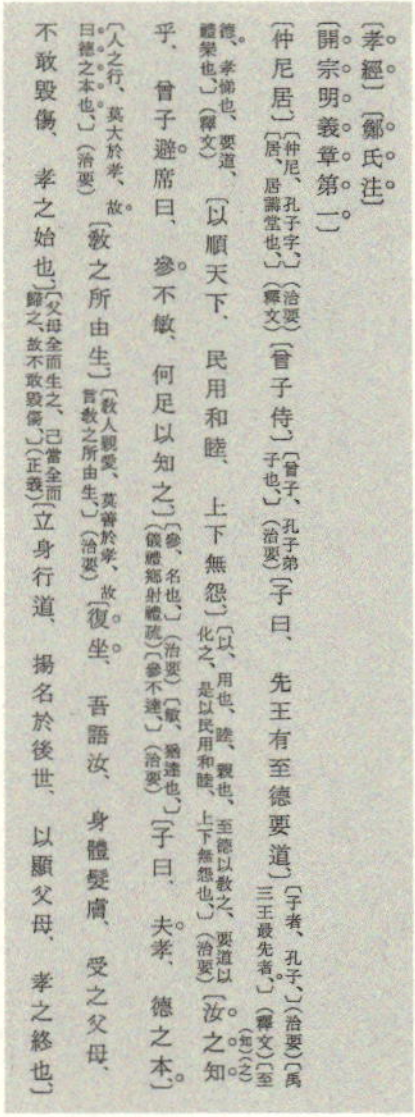
〔孝經〕〔鄭氏注〕
〔開宗明義章第一〕
〔仲尼居〕〔仲尼、孔子字〕〔居、居講堂也〕〔治要〕〔釋文〕〔曾子侍〕〔曾子、孔子弟子也〕〔治要〕〔子曰、先王有至德要道〕〔子者、孔子〕〔三王最先者〕〔治要〕〔釋文〕〔禹〕〔至
德、孝悌也、要道、禮樂也〕〔釋文〕〔以順天下、民用和睦、上下無怨〕〔以、用也、睦、親也、至德以教之、要道以化之、是以民用和睦、上下無怨也〕〔治要〕〔汝之知〕〔知〕〔之〕
乎、曾子避席曰、參不敏、何足以知之〕〔參、名也〕〔治要〕〔敏、猶達也〕〔儀禮鄉射禮疏〕〔參不達〕〔治要〕〔子曰、夫孝、德之本〕
〔人之行、莫大於孝、故曰德之本也〕〔治要〕〔教之所由生〕〔教人親愛、莫善於孝、故言教之所由生〕〔治要〕〔復坐、吾語汝、身體髮膚、受之父母、
不敢毀傷、孝之始也〕〔父母全而生之、己當全而歸之、故不敢毀傷〕〔正義〕〔立身行道、揚名於後世、以顯父母、孝之終也〕

図12　林秀一による鄭玄注『孝経』校定の例

を立て、以後数十年『孝経』の文献学的研究で目覚ましい成果を挙げた。その主要な成果は、一九五三年に出版された『孝経述議復原に関する研究』を除けば、一九七六年に出版された論文集『孝経学論集』にまとめられている。

鄭注・孔伝・開元本玄宗注・天宝修訂本玄宗注、そして『孝経述議』などが、日本でどのように伝承されてきたのかは、林秀一の地道な研究によってようやく明らかにされた。そして、敦煌写本を使った鄭注の校定本(図12)と、『孝経述議』の復原本は、『孝経』研究においてかけがえのない最も重要な基本文献である。敦煌写本を使って鄭注を校定したのは林秀一がはじめてであり、しかもその校定は信頼に足るものだった。その後、台湾の陳鉄凡が『孝経鄭注校証』を出版していて、漢語を母語とする研究者に広く利用されているが、校定の成果において林秀一を超えるものではない。『孝経述議』に至っては、林秀一が多大な時間と労力をかけて、大量の写本を分析して集めた逸文が無ければ、その全体像を想像することは難しかった。隋の劉炫のこの著作を読めるようになったことによって、我々の目は大きく開かれ、『孝経』ひいては儒学の歴史に関する認識が刷新された。林秀一のご苦労のお陰で、現在の我々は、文献学的問題に足を取られることなく、その閲読を楽しむことができている。その学恩に、あらためて謝意を表したい。

第五章 『孝経』を読んでみよう

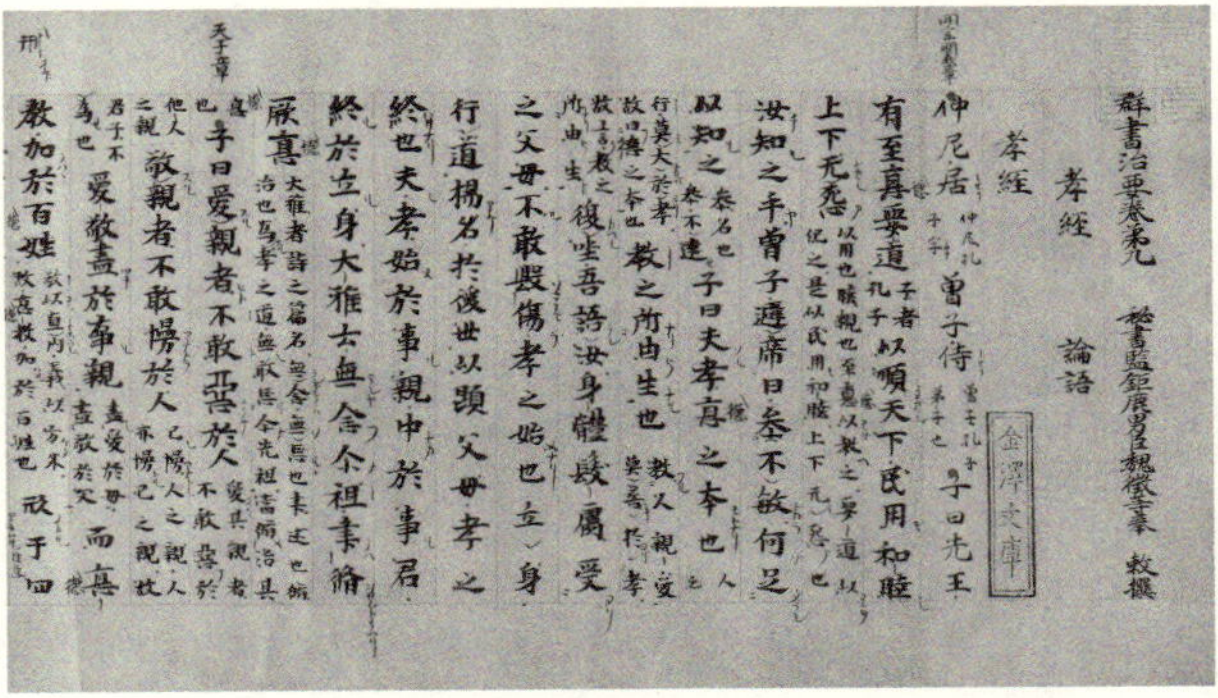

金沢文庫旧蔵『群書治要』巻9.『孝経』と『論語』が抄録されている

『孝経』の現代語訳は既に何種類もあり、古文の孔安国伝に従ったもの、今文の玄宗注に従ったもの、独自の解釈のものがある。そこで、ここでは、今文の鄭玄注に従った現代語訳を提供してみよう(章立ても今文による)。孔伝や玄宗注に従った理解と、随分と違う印象が得られることと思う。

鄭注は、林秀一が校定したものを用いた。ただし、鄭注はまだ研究が進んでおらず、私訳は現段階での個人的な理解というに過ぎないことをお断りしておく。いずれ、鄭注についても、より深い理解がなされることを期待している。

開宗明義章《かいそうめいぎ》第一

仲尼居、曾子侍。子曰「先王有至徳・要道、以順天下、民用和睦、上下無怨。汝知之乎?」曾子避席、曰「参不敏、何足以知之」。子曰「夫孝、徳之本、教之所由生。復坐、吾語汝。身体髪膚、受之父母、不敢毀傷、孝之始也。立身行道、揚名於後世、以顕父母、孝之終也。夫孝、始於事親、中於事君、終於立身。大雅云「無念爾祖、聿修厥徳」」。

孔子と曾子が座っている場面。孔子「(禹《う》・湯《とう》・文王《ぶんおう》といった)古代の聖王は、「至徳《しとく》」と「要道《ようどう》」で天下を治め、民衆は互いに争うことなく、上下の間に恨み事もなかったということを知っておるかな?」曾子は敷物から下りて、「私は愚かですので、とても分かりません」と応えた。孔子「「孝」は、「徳」(他人に感謝されるような能力)の根本で、「教」(人々を感化して社会秩序を維持すること)も「孝」から生まれている。まあお座り。五体も髪も肌も、父母から授かったものだから、大事にして傷つけないようにする。これが「孝」の始めだな。身を立て、「道」を行い、後世の人々に高く評価されれば、父母の名誉も広く認められるようになる。これが「孝」の終わりだな。「孝」は、親に仕えることに始まり、君主に仕えることが中間で、身を立てることが終わりだ。『詩経』の大雅《たいが》にも、「爾《なんじ》の祖を思い、その徳を修めよ」とある」。

【補説】①「開宗明義」は、はじめに主旨を明らかにするという意味で現在でも使われる言葉だが、これを含めた各章章題は『孝経』に本来あったものではなく、後世の人が加えたと考えられる。鄭玄の他の経書の注では章題に対しても注解があるが、『孝経』の章題には注が無いので、鄭注の段階でも章題は無かったものと考えられる。

②「至徳」と「要道」が『孝経』の主題であることが窺われ、それは「孝」と「礼」にほぼ相当することが第十三章「広至徳章」・第十二章「広要道章」から分かる。「礼」や「孝」は、儒教にとって根本的な概念だが、それは堯《ぎょう》・舜《しゅん》といった神話的聖王の黄金時代には無かった考えなのだ、というのが『礼記』「礼運篇《れいうん》」に見えている。黄金時代の理想的社会は「大同《だいどう》」と呼ばれ、誰もが私利私欲を持たず、分け隔てなく困った人を助け合った。時代が下がって夏・商・周(それぞれ禹・湯・文王が開いた王朝)の三代は、私利私欲を認めた上で「小康《しょうこう》」と呼ばれる次善の理想社会であった、とされる。堯・舜は有能な人間に王者の地位を譲ったとされるが、夏・商・周以降、全ての王朝は血縁者に王位を継承させることとなった。儒教が説く道徳は、全て「小康」の道徳であって、決して最善のものではない。「孝」とは何か？　それは、自分の親を大事にすることであり、他人の親は相対的に大事にしないということを意味する。「礼」とは何か？　それは、相手との人間関係に応じて、それに相応しい態度で相手に向き合うということ。何か自分に良い事をしてくれた人には「お礼」を差し上げる。誰にでもばら撒くのではなく、恩のある人にお返しをするのが「礼」だ。だから、自分にとって相手がどういう人間か、それに応じて対応を変えるというのが「礼」であり「孝」であり、儒教道徳であった。特殊な一対一の人間関係として、誰もが持っているはずの親子関係を、社会秩序を考える際の基点としたのが『孝経』である。儒教道徳は、人間に私利私欲の

心があり、関係性の異なる相手にそれぞれ異なる対応をする、という現実的真理を前提とし、常に「個人の心理」「自然な感情」という地面に足を着けたまま、社会秩序を理論づけようとした。それは、社会を俯瞰的に捉え、利害の衝突を調整する理論を、全ての人に同様に適用される法(民法)として発展させた西洋と明らかな対比をなす。日本の文化は儒教道徳の影響を深く受けているが、近代以降は西洋的な法治制度を取り入れた。そこに大きな齟齬があることは、もっと強く意識される必要がある。

天子《てんし》章第二

子曰「愛親者、不敢悪於人。敬親者、不敢慢於人。愛敬尽於事親、而徳教加於百姓、刑於四海、蓋天子之孝也。甫刑云「一人有慶、兆民頼之」」。

孔子「親を大事にする者は、他人を憎んだりしない。親に敬意を払う者は、他人を軽蔑したりしない。だから、人を大事にし(「愛」)、人に敬意を払うこと(「敬」)が、親に仕えることで極限に達し、徳の「教」が広く人民に及び、遠く世界全体にまで及ぶ。これが、天子の孝というものだろう。『尚書』の甫刑《ほけい》にも、「天子一人が天の祝福を受ければ、億兆の民衆がその余慶にあずかる」とある」。

【補説】天子は世界の最高権力者であり、何をしようが、しまいが、自由である。しかし、他人を憎んだり軽蔑したりすれば、憎悪や怨恨が自分に跳ね返ってくる、という人間心理の法則性から自由になることはできない。最高権力者が恐れなければならないのは、天上の神ではなく、自分より下位の人々の心理だ。何をするのも自由であるからこそ、他人を憎んだり軽蔑したりしないように、十分気を付けなければならない。以下、第六章「庶人章」まで孔子の一続きの発言が続き、さまざまな身分の人々にとっての「孝」のありようが説かれる。

諸侯《しょこう》章第三

「在上不驕、高而不危。制節謹度、満而不溢。高而不危、所以長守貴。満而不溢、所以長守富。富貴不離其身、然後能保其社稷、而和其人民、蓋諸侯之孝也。詩云「戦戦兢兢、如臨深淵、如履薄氷」」。

「上に立つ者が驕らなければ、高い位置に在りながら安定していられる。慎み深く節度を守っていれば、満ち足りていながら漏れ出ることが無い。高い位置に在りながら安定していられれば、高い身分を末永く維持できる。満ち足りていながら漏れ出ることが無ければ、富を末永く維持できる。高い身分と富を維持できて、したがってその国を永続させることができ、さらにその国の人民を上手に治めていくことができる。これが諸侯の孝というものだろう。『詩経』にも、「戦々恐々、深淵に臨むが如く、薄氷を履《ふ》むが如し」とある」。

【補説】天子は、自らの親戚や王朝創立の元勲たちを諸侯として、それぞれに国を与え、半独立国として統治させた。いわゆる「封建」だ。一国の主ではあるが、その地位はあくまでも天子から与えられたもので、それを与えることができる天子は、それを奪うこともできた。だから、諸侯はあくまでも慎み深く、定められた身分相応以上のことをしないように気を付ける必要がある。諸侯が強い独立性を持ちながら、天子による「お取りつぶし」を常に恐れていたのは、前漢時代の実際状況であった。

卿大夫《けいたいふ》章第四

「非先王之法服不敢服、非先王之法言不敢道、非先王之徳行不敢行。是故非法不言、非道不行。口無択言、身無択行。言満天下無口過、行満天下無怨悪。三者備矣、然後能守其宗廟、蓋卿大夫之孝也。詩云「夙夜匪懈、以事一人」」。

「古代の聖王が自分の身分について定めた規則どおりの服装でなければ着ず、古代の聖王の遺した規範となる言葉〔経典の言葉〕以外は口にせず、古代の聖王が行った徳行以外は行わない。したがって規範に合わないことは言わず、道に外れた行いはしない。発言は全て正当、行動も全て正当、その言葉が世界中に伝えられても問題無く、その行為が世界中に行きわたっても誰からも不満を持たれない。三者〔古代の聖王の基準に合った服装・言葉・行為〕が備われば、祖先の祭りをする廟を末永く維持できる。これが卿大夫の孝というものだろう。『詩経』にも、「早朝も深夜も気を抜かず、一人〔天子〕にお仕えする」とある」。

【補説】 卿大夫や士は、天子直属の臣下である場合と、諸侯の臣下である場合と両方ある。人数的には、当然ながら諸侯の卿大夫・士が圧倒的に多かったはずだ。しかし、この章と次章「士章」の鄭注は、諸侯の臣下ではなく、天子の臣下として考えている。理想の王者の政治制度を詳細に記述した儒教経典『周礼』は、王朝の職官だけを説明しており、そこに現れる卿大夫・士は天子の臣下だ。諸侯の制度は、『周礼』の記述対象ではない。『孝経』も理想の王者の道徳を説いたものなので、王朝を中心にした説明がなされていると鄭玄は考えたのであろう。

士《し》章第五

「資、於事父以事母、而愛同。資、於事父以事君、而敬同。故母取其愛、而君取其敬、兼之者父也。故以孝事君則忠、以敬事長則順。忠順不失、以事其上、然後能保其禄位、而守其祭祀、蓋士之孝也。詩云「夙興夜寐、無忝爾所生」」。

「人の行いを考えた時、父に仕えることと母に仕えることを較べると、大事にする気持ち

〈「愛」〉は同じ。人の行いを考えた時、父に仕えることと君主に仕えることを較べると、敬意を払うこと〈「敬」〉は同じ。だから、母については大事にする気持ちが主で、君主については敬意を払うことが主であるのに対し、両者を兼ね備えるのが父に対する気持ちだ。父に対する孝の態度で君主に仕えれば嘘偽りが無く〈「忠」〉、敬意を心に目上の者に仕えれば従順となる。嘘偽り無く従順にお上〈天子〉にお仕えできれば、与えられた身分を守り、祖先の供養を続けていける。これが士の孝というものだろう。『詩経』に、「朝は早起きし、夜は遅く寝て、親に恥ずかしい思いをさせないように」とある」。

【補説】①「資」は、普通「かりる」と訓ずる。しかし、「父に仕えることに借りて母に仕えれば、愛は同じ」では、父に対する愛が母に対する愛に先行するように理解されてしまう。実際には、母子関係は父子関係以上に絶対的で疑問の余地の無いものだ。そこで鄭注は、「資」を「人の行い」と解釈した。その場合、「以」は「与」と同じで、「〜と」と訓ずる。
②「愛」は、大事にすること。「忠」は、嘘偽りの無いこと。
③「士」は、行政の実働部隊として雇われた民衆であって、朝廷の政策決定の議論に関わる卿大夫とは身分が全く異なる。卿大夫は統治者階級であり、貴族であり、民衆の手本となるべき人々であるから、その服装・言葉・行為が礼に適《かな》ったものであることを求められる。士

は朝廷に雇われた労働者だから、上役の言うことをよく聞いて、言われた通りに働いてくれることだけが期待され、それ以上の道徳的要求はなされない。唐宋変革以降、貴族制が崩壊し、科挙官僚が政治の中核を担うようになると、卿大夫と士の身分的区別が曖昧となり、文人官僚とその予備軍たちが自らを士と認識するようになり、士に重大な意味が与えられた。しかし『孝経』においては、士は卿大夫と明らかに異なり、むしろ庶民に近い存在である。

庶人《しょじん》章第六

「用天之道、分地之利、謹身節用、以養父母。此庶人之孝也。故自天子至於庶人、孝無終始、而患不及己者、未之有也」。

「天の在り方に従い、土地によって異なる利点をそれぞれに活用し、行いを慎み倹約に努め、父母を養っていく。これが庶民〔農民〕の孝である。というわけで、上は天子から下は庶民まで、始終間断なく孝に努めれば、災いが自分の身に降りかかってくることがない。何と素晴らしいことではないか」。

【補説】①「患不及己」の解釈が、鄭注・孔伝と玄宗注で大きく異なること、第三章で紹介したとおりだが、孔伝と玄宗注には「己」の字が無い。第三章では「己」の字を省いた経文を使っておいた。「災いが身に及ぶ」という鄭注・孔伝の理解は、「己」の字があっても無くても成立するが、「孝の要求する水準に到達できないことを恐れる」という玄宗注の理解は、「己」の字があっては成り立たない。

②古文は後半の「故」以下を独立した一章(第七章「孝平章」)とし、第三章で述べたように、孔伝は「上は天子から下は庶民まで、始めから終わりまで孝を貫徹できないのであれば、災いが自分の身に降りかかってこないということはありえない」という意味で理解する。しかし鄭注は、「故」と言う以上、この部分は天子章・諸侯章・卿大夫章・士章とこの章でそれぞれ言われた内容を受けているはずだと考える。実際にこの五つの章で書かれているのは、孝を実践すれば末永く身分を維持できる、ということなので、この部分は「災いに見舞われない」という意味でなければならない。さらに、次章「三才章」のはじめに曾子が孝の偉大さを称えているのも、孔子のこの部分の発言を受けたものに違いないが、孔伝のような解釈では、「孝をしっかりやらないと、災いに見舞われるぞ」という一種の脅迫になってしまい、次に偉大さを称えるのと齟齬をきたす。というわけで、鄭注は「未之有(未だ之れ有らず)」

を「素晴らしい」という意味で理解した。特殊な言葉遣いだが、素晴らしいという気持ちで「ありえない！」と言うことは不可解ではない。一つ一つの漢字の意味からは理解し難いが、日本語の「ありがたい(難有)」などとも通じる表現であろう。『論語』鄭注に、「素晴らしい」という意味で「無有」と書いている例も三ヵ所ある。また、既に述べたように、朱子はこの章までを『孝経』の本文と見なした。

三才《さんざい》章第七

曾子曰「甚哉、孝之大也」。子曰「夫孝、天之経、地之義、民之行。天地之経、而人是則之。則天之明、因地之利、以順天下、是以其教不粛而成、其政不厳而治。先王見教之可以化人也、是故先之以博愛、而民莫遺其親。陳之以徳義、而民興行。先之以敬譲、而民不争。道之以礼楽、而民和睦。示之以好悪、而民知禁。詩云「赫赫師尹、民具爾瞻」」。

曾子「何と！　「孝」というのはそれほど偉大なものだったのですね！」　孔子「「孝」は、天の経〔不変の道理〕であり、地の義であり、民の行いである。天地の経というのは、天地の間に居る人間が、それを肯定し、それに則《のっと》るものだ。天の明らかさに則り、地の利に従って、天下を治めていこうということだから、その「教」は強要せずとも自然に上手くいき、その統治は厳罰を用いずとも上手くいく。古代の聖王は、「教」によって民衆を感化することができる〔それによって社会秩序を安定させられる〕、ということを察知された。そこで、民衆に先んじて「博愛」を行ったところ、民衆は自分の親を大事にしない者が居なくなった。「徳」や「義」を実践してみせたところ、民衆も進んで「徳」や「義」を行うようになった。民衆に先んじて他人に敬意を払い他人に譲歩するようにしたところ、民衆は争うことが無くなった。「礼」と「楽」〔音楽〕で民衆を導いたところ、民衆は互いに仲良くするようになった。民衆に、好ましいことと憎むべきことを知らせてやると、民衆は何をしてはいけないのかを理解するようになった。『詩経』にも、「何と立派な師尹《しいん》さま。民衆は集まった、師尹は民衆を見つめ、彼らは師尹を見つめる」とある」。

【補説】①朱子が指摘したように〔第四章参照〕、この章の前半は、曾子のセリフも含めて、『春秋左氏伝』昭公二十五年の言葉を流用したもの。後半は「教」の説明で、似た形の文が繰り返されているが、共通しているのは、統治者が率先して手本を示せば、民衆はそれを見て学習する、という考え方。命令で強制したり、刑罰で禁止したりするのではなく、君主

（あるいは貴族）の「徳」の力で民衆を感化する、というのが儒教のやりかた。だから、君主には高い道徳が求められたし、君主が実際には不道徳な場合でも、高い道徳が偽装された。

②「博愛」という言葉が見えるが、儒教の「礼」の精神は「広く誰をも愛する」という考えとは相容れない。『孝経』も、「聖治章」でそのような「博愛」を否定している。したがって、ここで言う「博愛」は、自分の事だけ大事にするのではなく、「礼」に合う形で、大事にすべき人を大事にする、という意味だと考えられる。

③唐の太宗（在位六二六～六四九年）が李世民《りせいみん》という名前であったため、唐代では「民」という字を「人」に置き換えることが広く行われた。その結果、「民」と「人」はほとんど区別なく用いられている。ここでは、敦煌写本のままにしておく。

孝治章《こうち》第八

子曰「昔者明王之以孝治天下、不敢遺小国之臣、而況於公侯伯子男乎。故得万国之歓心、以事其先王。治国者不敢侮於鰥寡、而況於士人乎。故得百姓之歓心、以事其先君。治家者不敢失於臣妾之心、而況於妻子乎。故得人之歓心、以事其親。夫然、故生則親安之、祭則鬼享之、是以天下和平、災害不生、禍乱不作。故明王之以孝治天下如此。詩云「有覚徳行、四国順之」」。

孔子「昔の賢明な王者は「孝」で天下を治めた。小国の臣下でさえ蔑《ないがし》ろにすることなく、ましてや公侯伯子男《こうこうはくしだん》の諸侯は鄭重に扱ったから、あらゆる諸侯国の歓心を得て、自分の先王〈先祖代々の王者〉たちの祭祀を維持できた。一国の主である諸侯は、鰥夫《かんぷ》・寡婦すら侮ることなく、ましてや正規の家来である士は鄭重に扱ったから、民衆の歓心を得て、自分の先君たちの祭祀を維持できた。一家の主である大臣たちは、召使や妾の信頼さえ失わず、ましてや妻子には信頼されたから、人々の歓心を得て、自分の親に仕えることができた。こんなふうであったから、親が生きている間は親を安心させ、亡くなった親や祖先の霊は祭祀を受け容れ、したがって天下泰平、災害も発生せず、叛乱も起こらなかった。というわけで、賢明な王者は「孝」で天下を治めたから、このように素晴らしい状況が実現できたのだ。『詩経』にも、「偉大な徳行は、周辺の国々もそれに倣うようになった」とある」。

【補説】①ここでの「先王」は、王者(天子)について言われているので、王者であった代々の祖先を指す。王者となる以前の遠い祖先は「先公」と呼んで区別される。また、「家」という概念は、卿大夫の身分とセットで考えられている。王は天下、諸侯は国、卿大夫は家、という組み合わせ。

②この章は、『孝経』の本音を直接的に述べているように思われる。簡単に言えば、目下の者たちを大事にしよう、そうすれば目下の者たちは叛乱を起こさない、ということ。「歓心を得る」という言い方も、正直な感情を基本に考える『孝経』らしい表現。ただし『孝経』は、目下の者を大事にすることと、天下泰平という素晴らしい結果を直接結びつけるだけで、その過程は全く論じられない。目下の者を大事にしたつもりでも、相手がそれを理解してくれないかもしれないし、理解してもなお不満を持つかもしれない。そんな時にはどうしたらよいのか？『孝経』はそういう問題を全く考慮しない。まるで、「そうだったらいいな」という夢を語っているだけのようだ。その結果、結果としての「和」だけが強調され、強要されることが多くなった。誰もがお互いに敬意を払い、その結果として「和」が実現するのであれば素晴らしいことだが、前提と過程を抜きにして結果の「和」だけが強要されると、弱者が犠牲にされてしまう。圧倒的暴力による「和」の実現とか、喧嘩両成敗で弱者が泣き寝入りとか、いじめがあっても隠蔽されるとか、いずれも「和」の強要が起こす問題だ。

聖治《せいち》章第九

曾子曰「敢問聖人之徳、無以加於孝乎?」子曰「天地之性、人為貴。人之行、莫大於孝。孝莫大於厳父、厳父莫大於配天、則周公其人也。昔者周公郊祀后稷以配天、宗祀文王於明堂以配上帝。是以四海之内、各以其職来祭。夫聖人之徳、又何以加於孝乎? 故親生之膝下、以養父母日厳。聖人因厳以教敬、因親以教愛。聖人之教、不粛而成、其政不厳而治、其所因者本也。父子之道天性、君臣之義。父母生之、続莫大焉。君親臨之、厚莫重焉。故不愛其親而愛他人親者、謂之悖徳。不敬其親而敬他人親者、謂之悖礼。以順則逆、民無則焉。不在於善、而皆在於凶徳、雖得之、君子所不貴。君子則不然、言思可道、行思可楽、徳義可尊、作事可法、容止可観、進退可度。以臨其民、是以其民畏而愛之、則而象之。故能成其徳教、而行其政令。詩云「淑人君子、其儀不忒」」。

曾子「聖人の「徳」として、「孝」に加えてそれ以外の要素は無かったのでしょうか?」 孔子「天地の間に生まれるものの中で、人は特別な存在だ。人の行いの中で、「孝」より重大なものは無い。「孝」の中で、父を尊崇するよりも重大なことは無い。父を尊崇するには、天の祭祀に父を配祀するよりも重大なことは無く、それを実行したのが周公なのだ。昔、周公は郊《こう》における天の祭祀に一番遠い先祖である后稷《こうしょく》を配祀し、明堂《めいどう》での天の祭祀に父である文王を配祀した。その時には、世界中の民族が使節を送ってきて、それぞれの方法で周公の祭祀のお手伝いをしたものだ。聖人の「徳」として、「孝」に加えてそれ以外の要素など考えられようか。子は父母の膝下を離れず成長していくので、父母を大事にする際の尊敬の念も日々深まる。聖人は、親に対する尊敬の念から「敬」を教え、親に対する親愛の情から「愛」を教えた。聖人の「教」〔人々を感化して社会秩序を維持すること〕は厳粛ではないのに自然に成功し、その統治は厳罰を用いないのに自然に秩序が保たれるが、それは根本〔つまり「孝」〕を活用しているからだ。父子の関係は、天然自然の絶対的なものだ。それに対して、君臣の関係は、意図的に結ばれるものだ。父母が自分を生んでくれ、それによって血脈が続いているというのは、何よりも重大なことだ。君主は自ら自分を取り立ててくれたので、その恩は最も大きい。だから、自分の親を大事にせずに他人の親〔例えば君主あるいはその親〕を大事にするのは「悖徳《はいとく》」〔見当違いの徳〕というもので、自分の親に敬意を払わずに他人の親〔例えば君主あるいはその親〕に敬意を払うのは「悖礼《はいれい》」〔見当違いの礼〕というものだ。そうした見当違いを順当なことだとしてしまうと、倫理が破壊され、民衆は道徳の基準を失い、善に止まることができず、皆邪悪な力に染まってしまう。そんなやり方をするならば、たとえそれで地位を得られるとしても、君子たるものはそれを蔑視する。君子たるものは、そんなやり方はしない。発言は経典に従った復唱に値するもので、行いは喜ばしく、「徳義」は尊敬に値し、作為は他人のお手本となり、振る舞いは美しく、出処進退も理にかなっている。そんなふうにして民衆に向き合うから、民衆も彼に敬意を払って彼を大事にし、彼を模範としてそれに倣おうとする。だから、その「徳」の「教」を成功させ、統治の政令を普及させることができる。『詩経』にも、「立派な君子であることよ、立ち居振る舞いに非の打ちどころが無い」とある」。

【補説】①長い章だが、鄭注によれば言いたいことは、親子関係こそは絶対であり、君臣関係は流動的なものだ、ということ。「父子之道天性、君臣之義」は、文として不完全で、そのままでは理解できない。鄭注は、一章全体の主旨から、ここは父子関係の天然絶対性と、君臣関係の人為相対性を対比させた表現と理解した。いっぽう孔伝は、「父子関係には、君臣関係的な意味もある」と理解する。鄭注が考えているのは、諸侯の卿大夫の意見が君主に受け容れられない場合、その卿大夫は君主のもとを辞し、国境で三年君主の沙汰を待ち、その間に呼び返されなければ君臣関係は断たれる、とする制度。唐宋以降、文人官僚は全て天子の臣下であり、天子は世界全体の支配者であったから、君臣関係を断っても他に行く所は無く、君臣関係は父子関係同様、絶対不変のものとなったので、鄭注のような解釈は全く顧みられなくなった。古文は、この章を三つ(「聖治章」「父母生績章」「孝優劣章」)に分けた。それは、「父子之道天性、君臣之義」という部分(「厚莫重焉」まで二十六文字)を、前後の文脈から切り離すことを意味する。逆に言えば、古文の編纂者も、ここを分割しない限り、鄭注のような解釈にならざるを得ない、と考えていた。

②鄭玄の学説では、周王朝の天の祭りに三種あり、圜丘《えんきゅう》で昊天大帝《こうてんたいてい》が、「郊」で感生帝《かんせいてい》が、「明堂」で五天帝《ごてんてい》が祭られる。それぞれの天の祭りに、王者は自らの祖先を配祀する。武王の没後、幼い成王に代わって摂政として「制礼作楽」した、つまり周代の社会・文化制度を作ったのが、文王の子にして武王の弟、成王の叔父であった周公。この章の「聖人」は、周公を指す。第十八章「喪親章」で三日経ったら食事をする、というのも周公が作ったとされる『儀礼』の規定なので、「聖人の政」と言われる。本来の天子が成王であるなら、成王の父武王を配祀すべし、という考えもあり得るが、ここでは周公自身の父である文王が配祀されると言う。後段の「悖徳」「悖礼」批判を考えれば、当然文王でなければならない。

③「親生之膝下」の鄭注は「子親生之父母膝下」。上に「子」という主語が入っているので、鄭注の「親」は、「親しみ」や「愛」のような抽象概念ではなく、「親しく」「直接的に」という副詞だと考えざるを得ない。子供は親の身の周りから離れることなく育てられるので、

親に対する感情が自然に生じる、という意味だろう。古文の経文は「親生毓之」(第二章扉)で、「毓」は「育」と同じ。「膝下」と「毓之」なら、字形が似ていると言えなくもない。その場合、この部分の経文の意味は下文の「父母生之、續莫大焉」とほぼ同じになる。この部分、鄭注では親子感情が天然自然であることが強調され、孔伝では親子は君臣と同等の恩義報徳の関係となる。

④「続莫大焉」は、古文では「續莫大焉」(第二章扉)。「続」は本来「續」と書き、「績」とは字形がよく似ているが、意味が全く異なる。「続」であれば、血肉の繋がりを意味し、親子関係が絶対的重要性を持つ意になる。「績」であれば、「よくやってくれました」というくらいの意味なので、次に君主について「厚莫重焉」と言われるのと、本質的に変わらないことになる。つまり、今文はあくまで親子関係の絶対性を強調するのに対し、古文は親子関係と君臣関係は同列のものとしている。『漢書』「藝文志」が今文・古文の文字の異同個所として挙げているのは、この「続莫大焉」と上項の「親生之膝下」の二ヵ所のみ。「藝文志」が「続莫大焉」を先に挙げているのは、経文の順序どおりに列挙すると、一続きの一ヵ所の問題と誤解される可能性があるから。二ヵ所であることを明らかにするために、故意に逆順に挙げている。これは、句読点もカギ括弧も使えない漢文表現の基本技術。

紀孝行章《きこうこう》第十

子曰「孝子之事親、居則致其敬、養則致其楽、病則致其憂、喪則致其哀、祭則致其厳。五者備矣、然後能事親。事親者、居上不驕、為下不乱、在醜不争。居上而驕則亡、為下而乱則刑、在醜而争則兵。三者不除、雖日用三牲之養、猶為不孝」。

孔子「「孝」である子が親に仕えるのはどんな具合かと言えば、普段は親に敬意を払い、親を養う時は親を喜ばせ、親が重病となれば心から憂い、親が亡くなれば心から悲しみ、親のお祭りをする時には尊崇の意を表す。この五つが揃ってはじめて、立派に親に仕えたと言えるだろう。親に仕える者は、地位が高くとも驕らず、地位が低くとも混乱を起こさず、同じ身分の者たちとは争わない。地位が高くて驕っていれば身を亡ぼすし、地位が低くて混乱を起こせば罰せられるし、同じ身分の者たちと争えば刃傷沙汰になる。この三種の危険を排除できないようであれば、毎日立派なご馳走を出して親に食べてもらっていたとしても、「孝」とは言えない」。

【補説】この章の前半部分は、一般的な親孝行の内容だが、後半は驕らず、秩序を乱さず、という話に戻っている。『孝経』の関心は、社会秩序の安定に在る。

五《ご》刑《けい》章第十一

子曰「五刑之属三千、而罪莫大於不孝。要君者無上、非聖人者無法、非孝者無親。此大乱之道也」。

孔子「刑罰は大きく五種類あり、細かく分ければ三千種にもなるが、「不孝」以上の罪は無い。君主に褒美をせがむような奴は敬意を持っていないし、聖人を否定するような奴は模範とすることはできないし、「孝」を否定するような奴とは親しくすることができない。これらは、いずれも叛乱に繋がる行為である」。

【補説】儒教は刑罰を否定しないが、刑罰に頼るようでは上手くいかないと考える。「非聖人」とは、聖人の定めた社会・文化制度を否定することを言うのだろう。最大の罪悪は「不孝」である、と言うが、何故かと言えば、「不孝」は叛乱に繫がるからだ、と言う。ここでも、『孝経』の関心が社会秩序の維持に在ることは明らか。

広要道章《こうようどう》第十二

子曰「教民親愛、莫善於孝。教民礼順、莫善於悌。移風易俗、莫善於楽。安上治民、莫善於礼。礼者、敬而已矣。故敬其父則子悦、敬其兄則弟悦、敬其君則臣悦。敬一人而千万人悦、所敬者寡而悦者衆、此之謂要道」。

孔子「人々に親愛の気持ちを教え広めていくには、「孝」が一番よい。人々に社会秩序に従う気持ちを教え広めていくには、「悌」が一番よい。社会の風気や価値観を変えていくには、「楽」が一番よい。君主の地位を安定させ、民衆を統治していくには、「礼」が一番よい。「礼」は、つきつめれば「敬」ということに尽きる。父に敬意を払えばその子は喜び、兄に敬意を払えばその弟は喜び、君主に敬意を払えばその臣下は喜ぶ。一人に敬意を払うだけで何千何万という人が喜んでくれる。敬意を払う相手は少なく、それで喜んでくれる人は多い、だからこれを「要道」〔要領を得たやり方〕と言う」。

【補説】「開宗明義章」の「至徳・要道」という言葉を承けて、この章は「要道」を、次の章は「至徳」を論じる。順序が逆になっているのは、ＡＢＡ′Ｂ′ならＡＢとＡ′Ｂ′は単なる並列かもしれないが、ＡＢＢ′Ａ′とすればＢ′Ａ′がＡＢを承けて言われていることが明らかになるからで、これも漢文表現の基本技術。

広至徳《こうしとく》章第十三

子曰「君子之教以孝、非家至而日見之。教以孝、所以敬天下之為人父者。教以弟、所以敬天下之為人兄者。教以臣、所以敬天下之為人君者。詩云「愷悌君子、民之父母」。非至徳、其孰能順民如此其大者乎？」

孔子「君子が「孝」を教え広めるというのは、一軒一軒毎日回って歩いて説教するわけではない。「孝」を教え広めるのは、世界中の父親たちに敬意を払うということ。「悌」を教え広めるのは、世界中の兄たちに敬意を払うということ。「臣」を教え広めるのは、世界中の君主たちに敬意を払うということ。『詩経』にも、「性格のおだやかな君子は、民衆の父母だ」とある。「至徳」〔至高の徳〕を持つ人でなければ、このように民衆を馴化《じゅんか》する素晴らしい成果を収めることはできない」。

広揚名章《こうようめい》第十四

子曰「君子之事親孝、故忠、可移於君。事兄悌、故順、可移於長。居家理、治、可移於官。是以行成於内、而名立於後世矣」。

孔子「君子は、親に仕えて「孝」、したがって親に対して嘘偽りがない、それは君主に対しても応用できる。兄に仕えて「悌」、したがって兄に対して従順、それは目上の者に対しても応用できる。自分の家庭の秩序を維持できる、その能力は官僚組織にも応用できる。だから、その社会的能力は家庭の中で既に完成されており、その名声は後世に確立されることになる」。

【補説】 この章は、家庭内の人間関係を上手に処理できれば、出仕して行政官となっても成功できる、と述べる。『大学』の「修身《しゅうしん》・斉家《せいか》・治国《ちこく》・平天下《へいてんか》」と似た話。古文は、この章の後ろに「閨門章」を加え、「諫諍章」「事君章」をその次に置いた。その三章は、この章の家庭から朝廷へという理屈の具体的内容だ、という捉え方だ。ただし、古文のこの理解だと、「諫諍章」と「事君章」がほぼ同じ内容の重複になってしまう。

諫諍《かんそう》章第十五

曾子曰「若夫慈愛・恭敬・安親・揚名、則聞命矣。敢問、子従父之令、可謂孝乎?」子曰「是何言与、是何言与。昔者、天子有諍臣七人、雖無道、不失其天下。諸侯有諍臣五人、雖無道、不失其国。大夫有諍臣三人、雖無道、不失其家。士有諍友、則身不離於令名。父有諍子、則身不陥於不義。故当不義、則子不可以不諍於父、臣不可以不諍於君。故当不義則諍之、従父之令、又焉得爲孝乎」。

曾子「「慈愛」、「恭敬」、「安親」(親を安心させること)、「揚名」(名声を確立すること)などについて教えて頂きましたが、質問があります。子たる者、父の命に従っておれば「孝」と言えましょうか?」孔子「何を言うのか? 何を言うのか? 昔、天子に諫言をする臣下が七人居れば、天子が暴虐であっても天下を失わずに済み、諸侯に諫言をする臣下が五人居れば、諸侯が暴虐であっても国を失わずに済み、大夫に諫言をする家臣が三人居れば、大夫が暴虐であっても家を失わずに済み、士に諫言をする友人が居れば、名声を失わずに済み、父に諫言をする子が居れば、誤った行いをせずに済んだ、という。だから、誤った行いに対しては、子は父に諫言しなければならないし、臣下は君主に諫言しなければならない。誤った行いに対しては諫言しなければならないのだから、何でも父の命に従っていて「孝」だと言えるはずがないではないか」。

感応《かんおう》章第十六

子曰「昔者明王事父孝、故事天明。事母孝、故事地察。長幼順、故上下治。天地明察、神明彰矣。故雖天子、必有尊也、言有父也。必有先也、言有兄也。宗廟致敬、不忘親也。修身慎行、恐辱先也。宗廟致敬、鬼神著矣。孝悌之至、通於神明、光於四海、無所不通。詩云「自東自西、自南自北、無思不服」」。

孔子「昔の賢明な王者は、父に仕えて「孝」であったから、天に仕えても「明」であり、母に仕えて「孝」であったから、地に仕えても「察」であり、長幼の序に従っていたから、上下秩序も安定していた。天地について「明察」(深く理解している)だったので、その天地と一体の「徳」は明らかであった。というわけで、天子であっても尊崇すべき対象がある。父のことだ。先を譲るべき相手が居る。兄のことだ。宗廟では心から敬意を払うというのは、親を忘れないということ。自己を律して言動を慎むというのは、祖先の名声を辱めないため。宗廟で心から敬意を払えば、先祖の霊も加護してくれる。「孝悌」を尽くせば、その影響は神明にも通じ、世界中に広がり、行きわたらない所とてない。『詩経』にも、「東から西から、南から北から、世界中の民族が慕ってくる」とある」。

【補説】 この章は、「孝」の徳が最高に発揮された理想状態を示す。鬼神・神明の加護を得て、世界中が「孝」の徳に感化され、辺境民族も徳を慕って使者を派遣してくる。絶対的正しさや真理を追究するのではなく、誰からも喜ばれ・慕われるのが理想。『孝経』の終幕を飾る打ち上げ花火のような一章。

事君《じくん》章第十七

子曰「君子之事上、進思尽忠、退思補過。将順其美、匡救其悪。故上下治、能相親。詩云「心乎愛矣、遐不謂矣、忠心蔵之、何日忘之」」。

孔子「君子が君主に仕える在り方は、行政に参与する時には真心を尽くし、意見が容れられず君主のもとを去る時には失策を回避する方法を考える。政治の成功は君主のものとし、政治の失敗は弥縫策《びほうさく》を考える。こんなふうだから、上下秩序が安定し、君臣間に信頼感が生じる。『詩経』にも、「心に君主を大事に思い、君主のもとを去っていても遠いとは思わない。心には善を抱き、遠く離れていても一日たりとも君主のことを忘れない」とある」。

【補説】　第一章で触れたように、鄭注は、この章が君臣関係の終わりを、次の最終章が親子関係の終わりを述べたものだと考える。だから、「感応章」で終幕を迎えた後に、この二章が追加されているとした。鄭注では、この章は君主のもとを去って国境で沙汰を待つ卿大夫のことを述べたもの。したがって、ここでの訳文は、第三章で幼き唐の高宗の引用として掲げた訳文と多少異なる。沙汰を待つ段階では、君臣関係は完全には断たれていない。三年を経て、君主から訣別の意を表明されてはじめて、君臣関係が断たれる。この過程は、親が死んで三年の喪に服すということと正に並行的だ。親が死んだら、三年かけてその悲しみから回復し、親の居ない世界に適応していくというのと同様、君主も自分が最大の敬意を払う相手であるから、突然赤の他人ですというわけにはいかず、関係断絶には三年という緩衝期間が必要だということ。この二章が最後に置かれていることは、『孝経』が君臣関係（礼・敬・要道）と父子関係（孝・愛・至徳）の二本立てだということを示している。究極の関心は社会秩序の維持に在るからだ。

喪親《そうしん》章第十八

子曰「孝子之喪親、哭不偯、礼無容、言不文、服美不安、聞楽不楽、食旨不甘、此哀戚之情。三日而食、教人無以死傷生、毀不滅性、此聖人之政。喪不過三年、示人有終。為之棺・槨、衣・衾而挙之、陳其簠簋而哀戚之。擗踴哭泣、哀以送之。卜其宅兆、而安措之。為之宗廟、以鬼享之。春秋祭祀、以時思之。生事愛敬、死事哀戚。生民之本尽矣、死生之義備矣。孝子之事親終矣」。

孔子「「孝」なる子が親を亡くすと、哭《な》く声も途切れ途切れ、振る舞いも形にならず、言葉も飾らず、立派な衣服を着る気にならず、音楽を聴いても楽しめず、美味しいものを食べても味がしない。悲しみの自然な状況は、そんなものだ。それに対して、三日経ったら食事をさせるようにして、亡くなった人のために生き残った者が傷つき、命を縮めてしまったりしないようにした。これが、聖人の「政」(規則を作って民衆に従わせること)だ。喪に服する期間は三年を超えない、それは、そこで区切りをつけさせるということ。棺とそれを覆う箱を作り、遺体には服と布団を着せて棺に入れ、お供えものの食器を並べて悲しむ。体を揺らし、声を挙げて哭き、悲しみの中に送り出す。墓域を占って決め、そこに安置する。宗廟を作って、供養をする。春と秋にはお祭りを行い、定期的に思いを致す。生きている時には「愛」「敬」でお仕えし、亡くなったら心からなる悲しみでお仕えする。人民の根本はここに尽きる。生死のあるべき形もここに備わる。「孝」なる子が親に仕えることは、これで全てとなる」。

【補説】この章は、親の死について述べたものなので、『群書治要』では省略されているし、日本で読書始めに天皇に講義する際にも省略されるのが通例であった。

主要参考文献

『孝経』原典

【『古文孝経』孔安国伝】

阿部正精覆刻弘安本　国立公文書館（内閣文庫 275-0194）など　https://www.digital.archives.go.jp/img/1071706

清家文庫鎌倉抄本　京都大学図書館（1-66/コ/15 貴）　https://rmda.kulib.kyoto-u.ac.jp/item/rb00007929

慶長七年活字版　京都大学図書館（1-66/コ/16 貴）　https://rmda.kulib.kyoto-u.ac.jp/item/rb00008050

天明元年刊伏原宣条校本　国立公文書館（内閣文庫 275-0174）など　https://www.digital.archives.go.jp/img/1074165

【開元本玄宗注】

屋代弘賢覆刻本　国立公文書館（内閣文庫 経 075-0005）など　https://www.digital.archives.go.jp/img/1073843

清家文庫鎌倉抄本　京都大学図書館（1-66/コ/14 貴）　https://rmda.kulib.kyoto-u.ac.jp/item/rb00007918

【天宝修訂本玄宗注】

北宋版　宮内庁書陵部（557・54）　https://db2.sido.keio.ac.jp/kanseki/bib_frame?id=069328

狩谷棭斎覆刻本　国立公文書館（内閣文庫 275-0183）など　https://www.digital.archives.go.jp/img/1074171

【注疏本】
『元本孝経注疏』国学基本典籍叢刊、国家図書館出版社、二〇一八年(影印本)

その他の資料

【漆紙文書】
『岩手県水沢市佐倉河胆沢城跡――昭和五八年度発掘調査概報』胆沢城跡研究会、一九八四年
『山王遺跡Ⅲ』宮城県文化財調査報告書第一七〇集、宮城県教育委員会、一九九六年
【江戸期著作】
片山兼山『古文孝経孔伝参疏』寛政元年刊
鈴木順亭『孝経疏証』私家版、一九二三年
『絵本孝経』鍬形蕙斎画、文化十年刊　伝本多数　https://rmda.kulib.kyoto-u.ac.jp/item/rb00010031
『絵本孝経』葛飾北斎画、嘉永三年刊・元治元年刊　伝本多数　https://kokusho.nijl.ac.jp/biblio/100414125

日本語文献

足立喜六『長安史蹟の研究』東洋文庫、一九三三年
阿部隆一「室町時代以前に於ける御注孝経の講誦伝流について――清原家旧蔵鎌倉鈔本開元始注本を中心として」『斯道文庫論集』第四輯、一九六五年
阿部隆一「古文孝経旧鈔本の研究(資料篇)」『斯道文庫論集』第六輯、一九六八年
阿部隆一・大沼晴暉「江戸時代刊行成立孝経類簡明目録」『斯道文庫論集』第一四輯、一九七七年

岩本憲司『春秋学用語集三編』汲古書院、二〇一四年
加地伸行『中国思想からみた日本思想史研究』吉川弘文館、一九八五年
加地伸行『孝経　全訳注』講談社学術文庫、二〇〇七年
毛塚栄五郎「孝経元疏考」『思想と文化』東洋大学、第一巻第一冊・第二冊、第二巻第一冊、一九三五〜一九三六年
佐藤道生『日本人の読書――古代・中世の学問を探る』勉誠社、二〇二三年
佐野大介『「孝」の研究――孝経注釈と孝行譚との分析』研文出版、二〇一六年
末永高康訳注『孝経・曾子』岩波文庫、二〇二四年
杉仁「下総津宮村名主文人「窪木清渕」の書物出版と『補訂鄭註孝経』復元考証」『書物・出版と社会変容』第五号、二〇〇八年
野間文史『孝経――唐・玄宗御注の本文訳(附孔安国伝)』明徳出版社、二〇二〇年
林秀一「日本孝経年譜」『漢学会雑誌』東京帝国大学、第二巻第一号・第二号、第三巻第一号・第二号、一九三四〜一九三五年
林秀一『孝経述議復原に関する研究』林先生学位論文出版記念会、一九五三年
林秀一『孝経学論集』明治書院、一九七六年(「敦煌遺書孝経鄭注復原に関する研究」を含む)
林秀一『孝経』中国古典新書、明徳出版社、一九七九年
吉川忠夫「元行沖とその「釈疑」をめぐって」『東洋史研究』第四七巻第三号、一九八八年

漢語文献

馬衡『凡将斎金石叢稿』中華書局、一九七七年(「宋范祖禹書古文孝経石刻校釈」(初出一九四八年)は雑誌発表後の補記がある)
唐長孺『魏晋南北朝史論拾遺』中華書局、一九八三年(「魏晋南朝的君父先後論」を含む)
陳鉄凡『孝経学源流』国立編訳館、一九八六年
陳鉄凡『孝経鄭注校証』国立編訳館、一九八七年
呂妙芬『孝治天下――『孝経』与近世中国的政治与文化』中央研究院・聯経出版、二〇一一年
舒大剛『中国孝経学史』福建人民出版社、二〇一三年
陳壁生『孝経学史』華東師範大学出版社、二〇一五年
喬秀岩・葉純芳・顧遷編訳、林秀一『孝経述議復原研究』崇文書局、二〇一六年(「孝経孔伝述議読本」「編後記」を含む)
陳壁生『孝経正義』華東師範大学出版社、二〇二二年
何晋「従西漢海昏侯劉賀墓出土竹書看『孝経』今古文問題」『文物』二〇二二年第六期
喬秀岩「鄭注孝経経学解」『文史』二〇二三年第三期
劉増光『孝経学発展史』中華書局、二〇二四年

図版出典一覧

序章扉……『岩手県水沢市佐倉河胆沢城跡』胆沢城跡研究会、一九八四年
第一章扉……Pelliot chinois 3428(+2674). フランス国立図書館(Gallica)
第二章扉、図8、図9……国立公文書館デジタルアーカイブ
第三章扉、第五章扉……宮内庁書陵部(宮内庁書陵部収蔵漢籍集覧)
第四章扉、図3、図4……東京国立博物館(国立文化財機構所蔵品統合検索システム ColBase)
図1……『山王遺跡Ⅲ』宮城県教育委員会、一九九六年
図2……皇居三の丸尚蔵館
図5……『吐魯番出土文書　壱』文物出版社、一九九二年
図6、図10……京都大学附属図書館(京都大学貴重資料デジタルアーカイブ)
図7……(拓本)西川寧編『西安碑林』講談社、一九六六年。(碑写真)足立喜六『長安史蹟の研究』東洋文庫、一九三三年
図11……江戸東京博物館(国書データベース)
図12……林秀一『孝経学論集』明治書院、一九七六年

あとがき

林秀一先生の『孝経述議復原に関する研究』は、「後記」の最後に記された亡きご母堂の冥福を祈る一言が印象深かった。『孝経』(中国古典新書)に詳しい説明があるが、林先生は戦争最末期に大変悲しい思いをされている。私の父母は幸い健在だが、母は十年以上前から難病を患い、この一、二年は体力の衰えが著しい。二、三年前にその母が、冥途の土産に何か読んで分かる本を書いてくれ、と私に言った。林先生のことが頭に浮かび、本書の執筆を開始した。予想外に時間がかかって心配だったが、何とかこの本を母に見てもらえるだろうことが、うれしい。

残念なのは、十数年来、仕事も生活も共にしてきた家内の病が進行してしまったことだ。家内が残された能力を振り絞って中国語で書いた辞世の書『来世は英国で』は、私の日本語訳を附したものを出版社と印刷所が大至急で完成させてくれ、何とか本人に見せることができた。本書も見てもらえることを期待しているが、いずれにしても、もう長くは生きられないと予想されている。しかし、明日の命がどうなるのか分からないのは、誰にとっても同じことだ。

以前は七十を古希と言ったが、現在七十は当たり前になっている。その代わり、子供が減り、私の家も私が最後の世代となる。血脈の永続を重視する儒教的価値観からすれば、最も嘆かわしい状況が、普遍的となりつつある。子孫が自分を供養してくれるだろう、という想像は成立しない。その意味では、『孝経』も既にそのまま受け容れられるものではなくなっていると言わざるを得ない。しかし、未来を想像できなければ、人間生きていくことも難しい。家内の『来世は英国で』は、苦し紛れにではあるが、生まれ変わりという未来を想像している。個人としてはそういうことも考えざるを得ないが、社会・文化に目を転じればどうだろう？ 放射能・CO_2・プラスチック等々のとめどない排出と、歯止めのきかない暴力的政治・経済体制で終末感が深いが、その一方で、文献学の世界については、まだまだ永続的発展を信じていることができる。

二〇一五年に、京都大学で林慶彰先生の退官記念学会が開かれた際、宇佐美文理先生は、京大図書館に封蔵されていた『昌平叢書』の版木を整理し、その中の『孝経鄭注三種』を印刷製本して記念品とされた。京大図書館や国会図書館に「貝葉書院」印刷として著録されているのがそれだ。『昌平叢書』のこの本は、本書一八三ページに紹介した「官板」そのものであり、文化十二年(一八一五)に刊行されたものだから、ちょうど二百年後に、同じ版木を使って重刷されたということになる。心ある人間が居る限り、版本の寿命は数百年に及ぶ。

今年二〇二四年に知り合った二松学舎大学博士の有永真瑞さんは、『管子』伝承の歴史を研究していて、隋唐期まで流通していた『管子』の内容は、現在我々が見ている南宋版とはかなり異なるものだったと指摘されている。私と家内は、南宋版の影印本と『孝経』孔伝を対照して「対照表」を作り、孔伝の内容の半分は『管子』だとし、劉炫はその実態を隠蔽するために、孔伝が『管子』を使った多くの個所について『管子』への言及を故意に避けた、と推測した。本書第二章も、そのような認識で書いている。今、有永さんの指摘によれば、南宋版『管子』に収録されている内容が、劉炫が見た『管子』にも書かれていたとは限らないのだから、これらの認識も再検討される必要がある。宋代より前の『管子』がどのような内容であったのかは、これまで数百年ほとんど議論されてこなかった。文献に対する認識は、千年を超えて常に新たにされていく。

文献は、竹簡や紙に書かれた文字であり、物体として実在する。しかし、そこに書かれている文字の意味は、人間が読むことによってのみ生じてくるものだ。だから、同じ『孝経』であっても、違う人間が読めば違う意味になる。文献学は、紙や墨だけを研究するのではなく、やはりその内容、その意味を主要な関心対象としている。そうである以上、認識の主観性こそは避けられない本質的要素であることを認めなければならない。むしろ、それこそが大事な問題なのだと思う。文献学の問題は、「『孝経』は如何に理解されるべきか？」ではなく、「鄭玄は『孝経』を如何に理解したか？」「劉炫は孔伝を如何に理解したか？」といったものでなければならない。そして、我々の提出する回答は、あくまでも我々の理解であって、絶対的な正解ではないということを意識しておく必要がある。他人の気持ちや考えを正確に理解することはできない。そして、それをよりよく理解しようとする試みを常に続けていくことは、人間社会成立の必須条件でもあろう。

本書は、編集の杉田さんに作ってもらった目次を大枠として、好きなように好きなことを書かせてもらった。目次だけ見ると、時代順になっていて、「孝経学史」の概説のようにも見えるが、実態はそうではない。「孝経学史」なら必ず取り上げられるであろう鮮卑語・モンゴル語・満州語訳の話題や、江戸時代の学者たちの思想問題にも全く触れていない。教科書的な記述をする能力が私にはありません、と正直に告白しておきたい。しかし逆に言えば、本書は基本的に、私自身が本当に面白いと思うことだけを書いたので、教科書的記述よりも楽しんで読んで頂けるかと思う。『孝経』を一つの小さな山にたとえれば、本書は公式ガイドブックではなく、私家版のハイキングレポートだ。有名ではなくとも、それぞれ趣のある風景を紹介したつもりだ。行く人の少ない小道を通った個所もあるが、いずれも先人の行跡があればこそで、その蓄積は文化的財産とも言える。経学も意外に面白いね、と多くの読者に思って頂けることを祈っている。

二〇二四年十一月十六日　最愛の妻葉純芳五十五回目の誕生日に

橋本秀美記す

本書は中国教育部人文社会科学重点研究基地重大項目資助「鄭玄与漢唐経学伝統研究」(22JJD770007)の成果。

橋本秀美

1966年，福島県生まれ．東京大学文学部中国哲学専攻卒，北京大学古典文献専攻博士．東京大学東洋文化研究所助教授，北京大学歴史学系教授，青山学院大学教授を経て，
現在一二松学舎大学教授
著書一『『論語』──心の鏡』(岩波書店)
『義疏学衰亡史論』(白峰社)
『文献学読書記』(共著，三聯書店)
『学術史読書記』(共著，三聯書店)
『朱門礼書考』(共著，すずさわ書店)

孝経 儒教の歴史二千年の旅　　岩波新書(新赤版)2050

2025年1月17日　第1刷発行

著　者　橋本秀美《はしもとひでみ》

発行者　坂本政謙

発行所　株式会社 岩波書店
〒101-8002 東京都千代田区一ツ橋2-5-5
案内 03-5210-4000　営業部 03-5210-4111
https://www.iwanami.co.jp/

新書編集部 03-5210-4054
https://www.iwanami.co.jp/sin/

印刷・精興社　カバー・半七印刷　製本・中永製本

ISBN 978-4-00-432050-0　　Printed in Japan

岩波新書新赤版一〇〇〇点に際して

ひとつの時代が終わったと言われて久しい。だが、その先にいかなる時代を展望するのか、私たちはその輪郭すら描きえていない。二〇世紀から持ち越した課題の多くは、未だ解決の緒を見つけることのできないままであり、二一世紀が新たに招きよせた問題も少なくない。グローバル資本主義の浸透、憎悪の連鎖、暴力の応酬――世界は混沌として深い不安の只中にある。

現代社会においては変化が常態となり、速さと新しさに絶対的な価値が与えられた。消費社会の深化と情報技術の革命は、種々の境界を無くし、人々の生活やコミュニケーションの様式を根底から変容させてきた。ライフスタイルは多様化し、一面では個人の生き方をそれぞれが選びとる時代が始まっている。同時に、新たな格差が生まれ、様々な次元での亀裂や分断が深まっている。社会や歴史に対する意識が揺らぎ、普遍的な理念に対する根本的な懐疑や、現実を変えることへの無力感がひそかに根を張りつつある。そして生きることに誰もが困難を覚える時代が到来している。

しかし、日常生活のそれぞれの場で、自由と民主主義を獲得し実践することを通じて、私たち自身がそうした閉塞を乗り超え、希望の時代の幕開けを告げてゆくことは不可能ではあるまい。そのために、いま求められていること――それは、個と個の間で開かれた対話を積み重ねながら、人間らしく生きることの条件について一人ひとりが粘り強く思考することではないか。その営みの糧となるものが、教養に外ならないと私たちは考える。歴史とは何か、よく生きるとはいかなることか、世界そして人間はどこへ向かうべきなのか――こうした根源的な問いとの格闘が、文化と知の厚みを作り出し、個人と社会を支える基盤としての教養となった。まさにそのような教養への道案内こそ、岩波新書が創刊以来、追求してきたことである。

岩波新書は、日中戦争下の一九三八年一一月に赤版として創刊された。創刊の辞は、道義の精神に則らない日本の行動を憂慮し、批判的精神と良心的行動の欠如を戒めつつ、現代人の現代的教養を刊行の目的とする、と謳っている。以後、青版、黄版、新赤版と装いを改めながら、合計二五〇〇点余りを世に問うてきた。そして、いままた新赤版が一〇〇〇点を迎えたのを機に、人間の理性と良心への信頼を再確認し、それに裏打ちされた文化を培っていく決意を込めて、新しい装丁のもとに再出発したいと思う。一冊一冊から吹き出す新風が一人でも多くの読者の許に届くこと、そして希望ある時代への想像力を豊かにかき立てることを切に願う。

（二〇〇六年四月）

岩波新書より

哲学・思想

社会学の新地平　佐藤俊樹
言語哲学がはじまる　野矢茂樹
アリストテレスの哲学　中畑正志
スピノザ　國分功一郎
哲人たちの人生談義　ストア哲学をよむ　國方栄二
西田幾多郎の哲学　小坂国継
死者と霊性　末木文美士編
道教思想10講　神塚淑子
マックス・ヴェーバー　今野元
新実存主義　マルクス・ガブリエル　廣瀬覚訳
日本思想史　末木文美士
ミシェル・フーコー　慎改康之
ヴァルター・ベンヤミン　柿木伸之
モンテーニュ　人生を旅するための7章　宮下志朗
マキァヴェッリ　鹿子生浩輝
世界史の実験　柄谷行人

ルイ・アルチュセール　市田良彦
異端の時代　森本あんり
ジョン・ロック　加藤節
インド哲学10講　赤松明彦
マルクス 資本論の哲学　熊野純彦
日本文化をよむ　5つのキーワード◆　藤田正勝
中国近代の思想文化史　坂元ひろ子
憲法の無意識　柄谷行人
ホッブズ　リヴァイアサンの哲学者　田中浩
プラトンとの哲学　対話篇をよむ◆　納富信留
〈運ぶヒト〉の人類学　川田順造
哲学の使い方　鷲田清一
ヘーゲルとその時代　権左武志
人類哲学序説　梅原猛
加藤周一　海老坂武
哲学のヒント◆　藤田正勝
空海と日本思想◆　篠原資明
論語入門　井波律子

トクヴィル　現代へのまなざし　富永茂樹
和辻哲郎　熊野純彦
宮本武蔵　魚住孝至
丸山眞男　苅部直
西洋哲学史　近代から現代へ　熊野純彦
西洋哲学史　古代から中世へ　熊野純彦
世界共和国へ　柄谷行人
悪について　中島義道
神、この人間的なもの◆　なだいなだ
プラトンの哲学　藤沢令夫
術語集Ⅱ　中村雄二郎
マックス・ヴェーバー入門　山之内靖
ハイデガーの思想　木田元
臨床の知とは何か　中村雄二郎
新哲学入門◆　廣松渉
「文明論之概略」を読む　上・中・下　丸山真男
術語集　中村雄二郎

世界史

現代世界

- トルコ 建国一〇〇年の自画像　内藤正典
- サピエンス減少　原俊彦
- ウクライナ戦争をどう終わらせるか　東大作
- ルポ アメリカの核戦力　渡辺丘
- ミャンマー現代史　中西嘉宏
- アメリカとは何か 自画像と世界観をめぐる相剋　渡辺靖
- タリバン台頭　青木健太
- ネルソン・マンデラ　堀内隆行
- 日韓関係史　木宮正史
- 文在寅時代の韓国　文京洙
- アメリカ大統領選　久保文明・金成隆一
- イスラームからヨーロッパをみる　内藤正典
- アメリカの制裁外交　杉田弘毅
- ルポ トランプ王国２　金成隆一
- ２１００年の世界地図 アフラシアの時代　峯陽一

- フォト・ドキュメンタリー 朝鮮に渡った「日本人妻」　林典子
- サイバーセキュリティ◆　谷脇康彦
- トランプのアメリカに住む　吉見俊哉
- ライシテから読む現代フランス　伊達聖伸
- ベルルスコーニの時代　村上信一郎
- イスラーム主義　末近浩太
- ルポ 不法移民 アメリカ国境を越えた男たち　田中研之輔
- 習近平の中国 百年の夢と現実　林望
- 日中漂流　毛里和子
- 中国のフロンティア　川島真
- シリア情勢　青山弘之
- ルポ トランプ王国　金成隆一
- ルポ 難民追跡 バルカンルートを行く　坂口裕彦
- アメリカ政治の壁　渡辺将人
- プーチンとG8の終焉◆　佐藤親賢
- 香港 中国と向き合う自由都市　倉田徹・張彧暋
- 〈文化〉を捉え直す　渡辺靖

- イスラーム圏で働く　桜井啓子編
- 中南海 知られざる中国の中枢◆　稲垣清
- フォト・ドキュメンタリー 人間の尊厳　林典子
- ㈱貧困大国アメリカ　堤未果
- 女たちの韓流　山下英愛
- 中国の市民社会◆　李妍焱
- 勝てないアメリカ◆　大治朋子
- ブラジル 跳躍の軌跡　堀坂浩太郎
- 非アメリカを生きる◆　室謙二
- ジプシーを訪ねて　関口義人
- 中国エネルギー事情　郭四志
- アメリカン・デモクラシーの逆説　渡辺靖
- ルポ 貧困大国アメリカⅡ　堤未果
- 平和構築　東大作
- イスラエル　臼杵陽
- アフリカ・レポート　松本仁一
- ヴェトナム新時代　坪井善明
- ルポ 貧困大国アメリカ　堤未果

岩波新書より

芸術

ひらがなの世界	石川九楊
ピアノトリオ	マイク・モラスキー
文化財の未来図	村上隆
日本の建築	隈研吾
キリストと性	岡田温司
カラー版 名画を見る眼Ⅱ	高階秀爾
カラー版 名画を見る眼Ⅰ	高階秀爾
占領期カラー写真を読む	佐藤洋一 衣川太一
水墨画入門	島尾新
酒井抱一 俳諧と絵画の織りなす抒情	井田太郎
平成の藝談 歌舞伎の真髄にふれる	犬丸治
K-POP 新感覚のメディア	金成玟
ベラスケス 宮廷のなかの革命者	大高保二郎
ヴェネツィア 美の都の一千年	宮下規久朗
丹下健三 戦後日本の構想者	豊川斎赫
学校で教えてくれない音楽◆	大友良英
中国絵画入門	宇佐美文理
瞽女うた	ジェラルド・グローマー
東北を聴く	佐々木幹郎
ボブ・ディラン ロックの精霊	湯浅学
柳宗悦◆	中見真理
ヘタウマ文化論	山藤章二
小さな建築	隈研吾
コルトレーン ジャズの殉教者	藤岡靖洋
雅楽を聴く	寺内直子
歌謡曲◆	高護
歌舞伎の愉しみ方	山川静夫
自然な建築	隈研吾
東京遺産	森まゆみ
絵のある人生	安野光雅
日本の色を染める	吉岡幸雄
プラハを歩く	田中充子
ポピュラー音楽の世紀	中村とうよう
ぼくのマンガ人生	手塚治虫
芸術のパトロンたち	高階秀爾
ゲルニカ物語	荒井信一
千利休 無言の前衛	赤瀬川原平
やきもの文化史	三杉隆敏
歌右衛門の六十年	中村歌右衛門 山川静夫
明治大正の民衆娯楽	倉田喜弘
茶の文化史	村井康彦
日本の子どもの歌	園部三郎 山住正己
二十世紀の音楽◆	吉田秀和
絵を描く子供たち	北川民次
ギリシアの美術	澤柳大五郎
音楽の基礎	芥川也寸志
日本刀	本間順治
日本美の再発見〔増補改訳版〕	ブルーノ・タウト 篠田英雄訳
ミケルアンヂェロ	羽仁五郎

(2024.8)　◆は品切，電子書籍版あり．(R)

文学

岩波新書より

社会

不適切保育はなぜ起こるのか　普光院亜紀
なぜ難民を受け入れるのか　橋本直子
罪を犯した人々を支える　藤原正範
女性不況サバイバル　竹信三恵子
パリの音楽サロン　青柳いづみこ
持続可能な発展の話　宮永健太郎
皮革とブランド 変化するファッション倫理　西村祐子
動物がくれる力 教育、福祉、そして人生　大塚敦子
政治と宗教　島薗進編
超デジタル世界　西垣通
現代カタストロフ論　金子勝 児玉龍彦
「移民国家」としての日本　宮島喬
迫りくる核リスク 〈核抑止〉を解体する　吉田文彦
記者がひもとく「少年」事件史　川名壮志

中国のデジタルイノベーション　小池政就
これからの住まい　川崎直宏
検察審査会　デイビッド・T・ジョンソン 平山真理 福来寛
ドキュメント〈アメリカ世〉の沖縄　宮城修
東京大空襲の戦後史　栗原俊雄
土地は誰のものか　五十嵐敬喜
民俗学入門　菊地暁
企業と経済を読み解く小説50　佐高信
視覚化する味覚　久野愛
ロボットと人間 人とは何か　石黒浩
ジョブ型雇用社会とは何か　濱口桂一郎
法医学者の使命 「人の死を生かす」ために　吉田謙一
異文化コミュニケーション学　鳥飼玖美子
モダン語の世界へ　山室信一
時代を撃つノンフィクション100　佐高信

労働組合とは何か　木下武男
プライバシーという権利　宮下紘
地域衰退　宮﨑雅人
江戸問答　田中優子 松岡正剛
広島平和記念資料館は問いかける　志賀賢治
コロナ後の世界を生きる　村上陽一郎編
リスクの正体　神里達博
紫外線の社会史　金凡性
「勤労青年」の教養文化史　福間良明
5G 次世代移動通信規格の可能性　森川博之
客室乗務員の誕生　山口誠
「孤独な育児」のない社会へ　榊原智子
放送の自由　川端和治
社会保障再考 〈地域〉で支える　菊池馨実
生きのびるマンション　山岡淳一郎
虐待死 なぜ起きるのか、どう防ぐか　川﨑二三彦
平成時代◆　吉見俊哉

岩波新書より